AF282415

# Werde glücklich!!!

Mein Weg zum Glück durch
Selbstliebe, Achtsamkeit, Dankbarkeit
und ein positives Mindset.

Ein Motivationsbuch
von Jeannette Graf

Bibliografische Information der Deutschen
Nationalbibliothek: Die Deutsche Nationalbibliothek
verzeichnet diese Publikation in der Deutschen
Nationalbibliografie. Detaillierte bibliografische Daten
sind im Internet über dnb.dnb.de abrufbar.

1. Auflage
© 2024 Jeannette Graf
www.jeannys-blog.de
Projektbetreuung: Anna Castronovo,
www.anna-castronovo.de
Covergestaltung: Giusy Ame
www.magicalcover.de
Titelfoto: Petra Ruehle
Herstellung und Verlag:
BoD - Books on Demand,
Norderstedt

ISBN: 978-375-830-819-2

»Das Glück liegt in uns,
nicht in den Dingen.«
(Buddha)

# Warum schreibe ich dieses Buch?

Ich schreibe dieses Buch, weil ich der Meinung bin, dass eine schwierige Kindheit, schlechte Ausgangsbedingungen im Leben, Unglück, Ungerechtigkeiten oder traurige Erfahrungen uns nicht davon abhalten können, alles hinter uns zu lassen und positiv durchzustarten.

Ein Hinweis vorweg: Bei Depressionen ist das etwas anderes. In diesem Fall möchte ich dich bitten, dich nicht von meinem Buch allein inspirieren zu lassen, sondern dir professionelle Hilfe zu holen.

Ich schreibe ausschließlich über meine persönlichen Erfahrungen, die ich über die Jahre gesammelt habe. Es sind viele schlimme Erlebnisse dabei gewesen, auf die ich nur kurz eingehen werde. Aber es sind gerade die negativen Erfahrungen im Leben, die uns wachsen lassen. Deswegen habe ich auch kein Problem damit, darüber zu berichten.

Ich bin Buddhistin. Mein Guru (Lehrer) nennt Menschen wie mich Wohlfühlbuddhisten. Das trifft es ganz gut, denn ich fühle mich sehr wohl mit dem Buddhismus. Ich war auf der Suche und wurde in vielen Fragen des Lebens bei Buddhas Lehren fündig. Auch in mein Buch fließen Denkanstöße aus dem Darmah Buddhismus mit ein, die ich sehr hilfreich, praktisch und vor allem zeitgemäß finde.

Ich glaube an das Karma und möchte die Techniken, die mir geholfen haben, ein glücklicher, positiver und dankbarer Mensch zu werden, mit diesem Buch weitergeben. Was mir geholfen hat, hilft vielleicht auch dir.

Probiere es aus.

Lasst uns das Glück nicht bei anderen suchen. Lasst es in uns selbst finden und bewahren. Wie das für mich funktioniert, habe ich in diesem Herzensprojekt für dich zusammengefasst.

Dieses Büchlein soll dein täglicher Begleiter werden und dich daran erinnern, dass Glück kein Zufall ist, sondern ein regelmäßiges Arbeiten mit dir selbst. In diesem Motivationsbuch geht es um Impulse zur Selbsthilfe und Selbstreflektion, die ich an dich weitergeben möchte. Vielleicht helfen sie auch dir, glücklich zu werden.

»Stärke dein Inneres, liebe dich selbst,
finde Freude in der Stille mit dir allein,
sei dankbar für alles, was du hast
und für alles, was du erreichst.«

# Warum schreibe ich über meine Vergangenheit?

Warum offenbare ich Tatsachen aus meiner Kindheit, die mir vielleicht schaden könnten? Warum schreibe ich negativ über mein Elternhaus? Sollte ein Motivationsbuch nicht komplett positiv sein? Diese Fragen habe ich mir oft gestellt und mich dazu entschieden, ehrlich zu sein.

Ich habe bewusst mit meinen schlechten Erfahrungen angefangen. Während ich über die Jahre meiner Kindheit und die Zeit als junger Teenager geschrieben habe, liefen mir die Tränen über die Wangen. Teilweise hörte ich auf zu schreiben, weil ich vor lauter Tränen nichts mehr sehen konnte. Einige Pausen waren nötig. Pausen von mehreren Tagen. Es hat mich überrascht, dass Vorkommnisse aus meiner Vergangenheit, die so lange zurückliegen, wieder präsent waren, als wären sie gestern passiert. Trotz Psychotherapie, und obwohl ich das kleine traurige Mädchens in mir schon lange zurückgelassen habe, konnte ich mich an jedes schmerzhafte Detail erinnern.

Wir Menschen verdrängen gerne Dinge, die unbequem sind. Tatsachen, die uns verletzt haben, die uns schlechte Laune machen. Wir wollen uns nicht unwohl fühlen, also lenken wir uns ab und schieben Momente und Geschehnisse, die uns nicht gefallen, auf die Seite: Probleme, Ängste, Trauer. Weg damit.

Verdrängen kann man aber leider nicht ewig. Irgendwann, wenn wir nicht damit rechnen, tauchen die Erinnerungen wieder auf und klopfen an. So ist es bei mir gewesen. Ich konnte verzeihen aber nicht vergessen.

Während meiner Therapie habe ich gelernt, mit solchen Situationen umzugehen. Immer wieder habe ich das während einer Sitzung geübt: Ich stellte meinem inneren Kind nicht die Frage: »Was willst du von mir?«. Stattdessen sagte dem kleinen Mädchen in mir, dass ich es sehe und zuhören werde, was es mir zu sagen hat. Es kann allerdings dauern, bis unser Unterbewusstsein zu uns spricht.

In meinem Fall waren es ein paar Wochen. In dieser Zeit habe ich gezweifelt, ob es richtig ist, was ich tue. Ich habe mir Gedanken über die Konsequenzen gemacht, wie mein Buch wohl bei meiner Familie, bei Bekannten und meiner Community ankommen wird.

Die Passagen aus meiner Kindheit wollte ich erst wieder streichen oder zumindest verallgemeinern. Aber ich konnte diese vielen Jahre der inneren Einsamkeit, der Angst und Verzweiflung nicht mit einem Satz abtun. Die Aussage: Ich hatte eine traurige Kindheit und ein schwieriges Verhältnis zu meiner Mutter, wäre mir einfach zu oberflächlich und nichtssagend gewesen.

Ich bin dem kleinen Mädchen in mir etwas schuldig. Das Kind in mir soll gesehen werden, es gehört zu mir. Ohne die kleine Jeannette wäre aus mir niemals dieser Mensch geworden, der ich heute bin.

Mein kleines Ich soll sehen, was aus uns geworden ist. Ohne seine Erfahrungen hätte ich nicht diesen Kampfgeist entwickelt.

»Kleines Mädchen, du hast mich zu dem
starken Menschen gemacht, der ich heute bin.
Dafür werde ich dir immer dankbar sein.«

# Kindheit zwischen Mobbing und Missbrauch

Ich wuchs in der Nürnberger Südstadt als Kind kroatischer Gastarbeiter auf. Die Gegend war trist, grau und hatte sehr wenig grün. Ich kann mich gut an unsere Nachbarschaft erinnern, alles hohe Häuser mit vielen Stockwerken und jeder Menge Wohnungen. Wir lebten in einer Dreizimmerwohnung ohne Balkon.

Leider kann ich nichts Positives über meine Kindheit erzählen. Es gibt keine Erinnerung, an die ich gerne zurückdenke. Ganz im Gegenteil. Das Verhältnis zu meiner dominanten Mutter war schwierig. Respekt war ihr besonders wichtig, viel wichtiger als Liebe. Wir wurden oft geschlagen, es wurde sehr viel geschrien, was mir immer Angst gemacht hat. Ich hatte als Kind ständig das Gefühl, dass Situationen schnell eskalieren können, deshalb war ich eher leise und zurückhaltend, um nicht aufzufallen.

Mein Vater hat das alles mitbekommen, sich aber nie eingemischt. Er wollte nach der Arbeit seine Ruhe haben, im Wohnzimmer vor dem Fernseher abschalten.

Meine Eltern führten keine glückliche Ehe, es gab ständig Streit. Sie führten auch kein glückliches Leben in Deutschland. Sie hatten immer das Gefühl, nicht dazuzugehören und nicht gut genug zu sein. Minderwertigkeitskomplexe und eine negative Einstellung dem Leben gegenüber machten sie einsam. Im Freundeskreis gab es fast nur Kroaten. Das vereinfachte die Integration auch nicht gerade.

## Ich war eine graue Maus

In der Schule war ich eine graue Maus, unscheinbar und angepasst. Ich trug Klamotten von C&A oder aus dem Second Hand Shop. Für mich war das aber okay, ich kannte es nicht anders. Wir waren nicht arm, doch das Geld war einfach knapp.

Den Übertritt ins Gymnasium habe ich nicht geschafft, ich war eine durchschnittliche Schülerin. Als ich in die 5. Klasse kam, begann das Mobbing. Ich war ein gefundenes Fressen für meine Mitschüler: Mein Haarschnitt war ihnen zu omahaft und ich wurde wegen meiner altmodischen Frisur gehänselt – meine Mutter hat nämlich der ganzen Familie die Haare geschnitten.

In der Schule war ich ein Niemand, wurde ausgelacht und ausgegrenzt, bespuckt und beleidigt. Zuhause fühlte ich mich nicht aufgefangen und verstanden, meine Eltern hatten ihre eigenen Sorgen.

Freunde hatte ich auch kaum, da meine Mutter an vielen potenziellen Freundinnen etwas auszusetzen hatte: Die eine ist nicht gut genug für dich, die andere ist schlecht erzogen und hat zu viele Freiheiten … Oft musste ich Freundschaften abbrechen. Ich war fast immer allein.

Zu einer italienischen Nachbarsfamilie hatte ich in dieser Zeit den häufigsten Kontakt. Ich fand vieles toll an den beiden Mädchen der Familie. Sie hielten immer zusammen, waren beliebt in der Schule, die eine war ein Vorbild für mich. Sie schminkte sich und hatte einen Kleidungsstil, den ich bewunderte. Sie kam auch bei Jungs sehr gut an. Neben dieser rassigen Schönheit war ich eine kleine, unscheinbare, graue Maus.

Deswegen habe ich mir viele Geschichten einfallen lassen, damit sie mich interessant fand. Ich habe oft gelogen, um mich besonders zu machen. Meine Freundin war so beliebt, und ich das Gegenteil.

Jede freie Minute wollte ich mit ihr verbringen. Ich wollte so sein, wie sie. Ich habe mir viel abgeschaut und mich in ihrer Nähe sehr wohl gefühlt. Sie war immer lieb und hörte mir zu.

Wahrscheinlich habe ich zu viel von ihr übernommen und geschwärmt. Meine Mutter war der Auffassung, dass ich mich mit besseren Menschen umgeben sollte, nicht mit schlechteren. Leider hat sie mir auch diesmal wieder einen Strich durch die Rechnung gemacht und mir den Kontakt verboten.

Wir sahen uns immer seltener, ich habe meiner Freundin erzählt, dass ich sie nicht mehr treffen darf, das hat alles verändert. Meine Worte haben sie sehr gekränkt und wir hatten wirklich keinen Kontakt mehr.

Da meine Eltern beide berufstätig waren, habe ich mir ein paar heimliche und unerlaubte Freiheiten herausgenommen.

Nach der Schule war ich bis zum frühen Abend allein zu Hause. Ich hatte meine Aufgaben zu erledigen, dazu gehörte vor allem der Haushalt. Der musste top sein, ansonsten gab es Ärger. Manchmal habe ich mich danach auf den Spielplatz geschlichen, der genau gegenüber unserer Wohnung lag. Oft habe ich die Kinder beim Spielen beobachtet. Sie hatten Spaß und lachten viel. Das waren vor allem Nachbarskinder aus der Gegend.

## Der liebe Onkel ...

Ich bin regelmäßig auf diesen Spielplatz gegangen, obwohl ich es nicht durfte. Die Kinder dort wurden zu meinen heimlichen Freunden, wir verabredeten uns zum Spielen.

Irgendwann kam ein älterer Herr dazu, er saß auf der Bank und beobachtete unser Treiben auf der Schaukel. Er brachte uns Süßigkeiten mit, kleine Geschenke oder ein Eis. Wir mochten ihn sehr. Er schenkte uns Aufmerksamkeit und interessierte sich für unsere Sorgen und Nöte.

Der nette Onkel sagte uns, dass wir unseren Eltern nicht erzählen sollen, dass wir Kontakt zu ihm haben, sie würden es nicht verstehen. Da brauchte er sich keine Sorgen zu machen, das wäre das Letzte, was ich meinen Eltern erzählt hätte, da ich ja verbotenerweise auf dem Spielplatz war. Außerdem wollte ich nicht, dass die Freundschaft zu dem lieben Onkel, der auch unser Opa hätte sein können, jemals vorbei sein würde.

So lief es einige Wochen, bis ein paar Kinder auch mal mit dem Onkel nach Hause gingen. Dort wurden schöne Kinderfilme geschaut, es gab Pizza und Süßes.

Erst habe ich mich nicht getraut mitzugehen, weil ich ja immer rechtzeitig zuhause sein musste. Meine Eltern durften auf keinen Fall etwas davon mitbekommen. Aber irgendwann bin ich dann doch mitgegangen, weil die Kinder so begeistert waren. Außerdem war ich ja nicht alleine dort. Ich wusste natürlich, dass ich nicht mit Fremden mitgehen darf, aber der nette Onkel war ja ein Freund.

Was denkst du, wie die Geschichte mit dem lieben Onkel ausgeht? Genau. Zwei andere Kinder und ich wurden von ihm regelmäßig missbraucht. So lange, bis eines Tages Polizisten vor unserer Tür standen und meine Eltern und mich zur Vernehmung mit aufs Revier nahmen.

## Das Thema wurde totgeschwiegen

Während ich das hier schreibe, zittern meine Hände. Ich weiß noch genau, wie ich mich in diesem Augenblick gefühlt habe. Ich hatte Angst vor der Reaktion meiner Eltern. Obwohl ich wusste, dass das, was der nette Onkel mit uns gemacht hat, irgendwie nicht richtig war, wollte ich meinen einzigen Freund, der immer für mich da war, nicht verlieren.

Der Täter kam vor Gericht. Wir Kinder mussten zum Glück nicht in der Verhandlung aussagen, da es uns nicht zugemutet werden konnte. Wir machten unsere Aussagen mithilfe von Puppen mit Penis und Vagina gegenüber einer Psychologin und einer Polizeibeamtin.

Bei uns daheim wurde das Thema totgeschwiegen. Kein Ton ist darüber gefallen. Keine Vorwürfe, aber auch kein alles wird gut, du hast keine Schuld oder wir sind immer für dich da. Ich war seelisch allein. Eine Therapie habe ich auch nicht gemacht.

Meine Mutter war nervlich sehr angegriffen, sie hatte es in der Arbeit nicht leicht. Auch sie wurde gemobbt und hat viel geweint. Sie hat eigentlich immer entweder geweint oder geschrien. Sie war oft krankgeschrieben, bekam Medikamente und ging zu einer Psychiaterin. Was genau mit ihr los war, weiß ich nicht, auch darüber wurde nicht gesprochen. Sie sagte immer, sie sei nervenkrank, weil sie eine schlechte Kindheit hatte, die sie nie verarbeitet hat. Deshalb hätte sie viele Probleme mit sich selbst und mit ihren Mitmenschen.

Das hat sich vor allem bei der Arbeit geäußert. Sie hat sich oft krankschreiben lassen, weil das Arbeitsklima für sie nicht zu ertragen war. Auch am Wochenende bekam sie Infusionen bei ihrer Ärztin, da sie anders nicht klarkam.

Traumata in der Kindheit können zu körperlichen und seelischen Spätfolgen führen. Aus der Psychologie weiß man, dass wir oft die traumatischen Erfahrungen unserer Eltern und Großeltern unbewusst übernehmen. Das kann sich in negativen Überzeugungen, blockierenden Glaubenssätzen, in einem sich wiederholenden Schicksal oder in belastenden Gefühlen zeigen.

Meine Eltern hatten beide eine schwierige Kindheit, sie haben wenig Liebe erfahren. Meine Mutter wurde regelmäßig von ihrem Vater brutal geschlagen und seelisch niedergemacht. Ihre Mutter wurde ebenfalls von ihrem Ehemann misshandelt, hat die Familie verlassen und sich selbst gerettet. Meine Mutter hat sie zurückgelassen.

Als Jugendliche hatte meine Mutter einen ganzen Bauernhof zu versorgen, sie musste kochen und Wäsche waschen. In der Schule hat sie oft gefehlt, weil die Arbeit zuhause wichtiger war.

Eine sehr traurige Lebensgeschichte, die leider auch nie eine positive Wendung genommen hat. Meine Mutter hat ihr Kindheitstrauma nie verarbeitet. Sie ist immer noch das Opfer von damals.

Deswegen mache ich meinen Eltern auch keinen Vorwurf, sie wussten es nicht besser. Ich habe ihnen verziehen. Es ist für mich nachvollziehbar, warum sie so sind. Es ist für mich aber nicht nachvollziehbar, warum sie nichts daran ändern.

## Meine Rettung: eine Therapie

Im Alter von 16 Jahren fing ich mit einer Psychotherapie an. Meine Mutter hatte von einem kroatischen Psychologen gehört, der auf Kinder und Jugendpsychologie spezialisiert war. Einen Tag in der Woche bot er kostenlose Therapien bei der Caritas in Nürnberg an. Ich konnte nicht verstehen, was ich da sollte. Wobei könnte er mir denn helfen?

Tatsächlich hat diese Therapie mein Leben verändert. Denn zum ersten Mal hörte ich Sätze über mich, wie: Du bist nicht schuld. Du bist gut. Du bist ein liebenswerter und wertvoller Mensch. Das Kind in dir will gesehen und geliebt werden.

Zuerst hatte ich ein Vorgespräch. Der Psychologe befragte mich über meine Kindheit und über das Verhältnis zu meinen Eltern. Anschließend teilte er mir mit, dass er eigentlich schon voll sei, aber er würde sich bei mir melden, wenn er eine Lösung gefunden hätte. Er machte es möglich: Eine Woche später begann meine Verhaltenstherapie.

Am Anfang war die Therapie sehr schwierig für mich. Viele schlimme Erlebnisse aus meiner Kindheit kamen wieder hoch und ich habe noch nie so viel geweint, wie in dieser Zeit. Mehrfach wollte ich abbrechen, weil es mir noch nie so schlecht gegangen war. So viel Trauer, so viel Leid, so viel Angst kamen hoch.

Dieser Prozess war leider notwendig. Ich hatte versucht, alles Negative zu verdrängen und zu vergessen. Es war schockierend für mich, dass ich mich immer noch an jedes noch so kleine Detail erinnern und jede Situation nachempfinden konnte. So, als würde ich es wieder erleben, als kleines Mädchen und als Teenager.

Mein Weg zur Selbstliebe hat hier begonnen. Durch diesen wunderbaren Therapeuten habe ich gelernt, alles Geschehene hinter mir zu lassen, neu anzufangen, mich um mein verletztes und trauriges inneres Kind zu kümmern.

Ich habe meinem inneren Kind das gegeben, worauf es seit Jahren gewartet hat: Ich sehe dich, ich fühle dich, ich lasse nicht zu, dass du wieder verletzt wirst, ich bin da für dich, ich liebe dich.

## Sucht nach Arbeit

Mit 17 Jahren bin ich von zuhause ausgezogen, das war eine gute Entscheidung.

Mein Selbstbewusstsein fing an zu wachsen, nachdem ich im Job erfolgreich wurde. Da war ich Anfang 20. Ich habe mir alles selbst erarbeitet, habe immer hundert Prozent gegeben, ich war ehrgeizig, zuverlässig und fleißig. Schließlich wurde ich früh zur Führungskraft befördert.

Das Feedback meiner Vorgesetzten war so gut, dass es mich süchtig gemacht hat. Ich wurde bemerkt, meine Arbeit wurde geschätzt. Ich wurde gelobt und übernahm in jungen Jahren bereits viel Verantwortung.

Meine Arbeitgeber haben mich immer gefördert. So nahm ich regelmäßig an Coachings und Weiterbildungen teil. In den internen Trainings habe ich ein Talent bei mir entdeckt: das Reden. Es machte mir überhaupt nichts aus, einen Vortrag vor einer großen Gruppe zu halten. In den Coachings wurden wir dabei gefilmt, wie wir wirken, wenn wir sprechen. Wir lernten, wie wichtig Körpersprache, Wortwahl, Lautstärke und Gestik sind, um Menschen zu überzeugen. Es ging oft um Mitarbeiterführung durch Vorbildfunktion.

Ich erkannte, dass ich genau das in Zukunft machen möchte: Keine kontrollierende Chefin sein, sondern Menschen helfen, ihr Potenzial zu erkennen und zu fördern. Ihnen einen Leitfaden mitgeben, der sie erfolgreicher und damit auch glücklicher macht. Und so entstand ein neuer Arbeitsplatz für mich, den es bisher nicht gegeben hat: Ich durfte die Schulungen der Mitarbeiter:innen deutschlandweit in über 200 Filialen übernehmen.

Mein Aufgabenbereich war sehr abwechslungsreich. In den Schulungen ging es um Themen wie Rhetorik, Umsatzsteigerung, Körpersprache, Zusatzverkauf, Produktschulungen und Make-up-Seminare. Die Fragen waren: Wie erreiche ich mein Ziel? Wie werde ich erfolgreich? Ich habe meinen Job geliebt. Es hat mir nichts ausgemacht, zu reisen und nur am Wochenende zuhause zu sein.

Ich hatte nur eine einzige langjährige Beziehung, bevor ich meinen jetzigen Ehemann kennengelernt habe. Sie dauerte insgesamt drei Jahre. Mein Freund war ein lieber Mensch, der leider auch ein großes Päckchen auf seiner Seele mitzutragen hatte: Seine Mutter war gestorben, als er noch ein kleiner Junge gewesen war, und sein Vater war ihm gegenüber nicht liebevoll. Wir haben uns gegenseitig Halt gegeben. Rückblickend bin ich ihm sehr dankbar für die Geborgenheit, die er mir geschenkt hat.

Er hat die Beziehung beendet, weil er mich nicht mehr geliebt hat. So hatte er es mir gesagt. Ich war zutiefst verletzt, obwohl ich ihn selbst bereits seit langem nicht mehr geliebt habe. Mein Leben hat sich nur um mich und meinen Beruf gedreht, er wurde mir immer unwichtiger. Trotzdem habe ich mich nicht getrennt. Ich hatte Angst vor der Einsamkeit. Niemand, der sich um mich kümmert, niemand, der auf mich wartet und mich beschützt. Der Gedanke, alleine zu sein, war für mich unerträglich.

## Einsamkeit als Chance?

Danach kam eine lange Zeit der Einsamkeit. Insgesamt sechs Jahre hat es gedauert, bis ich wieder eine feste und ernsthafte Beziehung hatte, nämlich die zu meinem Mann.

Soziale Kontakte hatte ich zu der Zeit wenig. Freundschaften habe ich nicht gepflegt, ich hatte nur eine einzige Freundin, die damit auch automatisch meine beste Freundin war. Die Einzige, der ich mein Herz ausgeschüttet habe.

Wir hatten keinen stabilen Kontakt, so wie man das kennt. Keine regelmäßigen Telefonate, keine gemeinsamen Pläne oder Verabredungen. Wir hörten uns nur ab und zu, aber für mich war das okay. Ich habe mich nie gefragt, warum ich niemanden hatte, der mich vermisst, der mich anruft oder an mich denkt. Ich war ja genauso. Der Job war mir wichtig, ich hatte eine große und bedeutende Aufgabe, so habe ich das empfunden.

Diese Phase der Einsamkeit war Fluch und Segen zugleich. Ich zog weg. Weg aus Nürnberg, weg von meiner Familie, ganz alleine nach München. Die Karriere lag im Fokus, ich hatte ja nichts anderes. Ich konnte mit mir selbst nichts anfangen, also habe ich ständig und immer gearbeitet.

Freundschaften hatte ich kaum, nur oberflächlich, meistens mit Arbeitskolleginnen. Hobbys hatte ich auch keine. Wenn ich mal frei hatte, habe ich mich gelangweilt und konnte es kaum abwarten, dass die Zeit vergeht und mein Arbeitsalltag mich wieder von der zunehmenden Lethargie befreite.

Mit meinen Eltern hatte ich in dieser Zeit Kontakt. Gefühlt war er sogar besser denn je, da ich in einer anderen Stadt war und wir uns beidseits bemühten, freundlich miteinander umzugehen. Alle zwei Monate besuchte ich meine Eltern, aber auch nur, weil ich beruflich in meiner Heimatstadt zu tun hatte.

Der Kontakt zu meinen Eltern war für mich trotzdem nicht harmonisch, nie hatte ich das Gefühl, von meiner Mutter verstanden und geliebt zu werden. Sie war schon stolz auf mich, auf das, was ich beruflich erreicht hatte. Aber sie betonte oft, vor allem, wenn es wieder Streit gab, dass ich das nur ihr zu verdanken hätte. Schließlich hätte sie mich ja, wie die meisten kroatischen Eltern, auch in Kroatien bei der Oma aufwachsen lassen können. Und da wäre ich jetzt sicherlich noch, jung verheiratet, und ohne die Möglichkeiten, die ich dank ihr in Deutschland bekommen habe.

Meine Eltern waren oft überfordert mit Formularen und Behördengängen. Ständig war ich Ansprechpartner bei Bewerbungen, Anwaltsbesuchen, Versicherungen, ich übersetzte und verfasste Briefe. Ich habe es gehasst, immer diejenige zu sein, die alles wissen und sich um alles kümmern musste.

Die Beziehung zu meinen Eltern hat mich meistens belastet. Sie haben mir nicht das Gefühl gegeben, dass ich das Kind bin und Zuflucht und Geborgenheit bei ihnen bekomme. Ich war die starke Tochter, die Beraterin der Familie in allen Lebenslagen.

Auch wenn es um die Ehe meiner Eltern und ihre Probleme ging, hat meine Mutter mit mir gesprochen. Im Detail erzählte sie mir oft, wie unglücklich sie war, mein Vater sei ein Taugenichts und so weiter. Irgendwann fragte ich sie, warum sie mir gegenüber so schlecht über meinen Vater spricht, schließlich war ich ihre Tochter und nicht die Paartherapeutin. Die Antwort war kurz: Weil ich niemanden anderen habe, dem ich das anvertrauen könnte.

Sie hat versucht, mich auf ihre Seite zu ziehen, sie wollte, dass ich meinem Vater bei vielen Themen ins Gewissen rede, aber ich konnte das nicht. In meinen Augen war er kein guter Vater, aber in die Ehe meiner Eltern wollte ich mich nicht einmischen.

Meine Eltern haben sich nie getrennt, was ich wirklich nicht nachvollziehen kann. Die Besuche bei ihnen habe ich reduziert, da ich mich danach jedes Mal leer und traurig gefühlt habe.

Sicherlich hat mich die traurige Partnerschaft meiner Eltern in Liebesdingen beeinflusst. Ich wollte niemals abhängig sein von einem Mann. Ich hatte auch kein gutes Händchen bei der Männerwahl. Es war nie einer dabei, der mir das Wasser hätte reichen können. Ich war gefühlt immer die Stärkere mit dem besseren Job, die keinen Mann braucht, um ihr Leben zu meistern. Vertrauen hatte ich zu niemandem.

## Die Wende: Ein Buch von Dr. Joseph Murphy

In meiner Freizeit begann ich zu lesen. Mein Therapeut hatte mir die Bücher von Dr. Joseph Murphy empfohlen und mir eines davon zum Abschied geschenkt. Dieser Ratgeber lag ein paar Jahre bei mir herum, bis ich ihn aus purer Langeweile las.

Dieses Buch über Affirmationen für Glück und Erfolg hat so vieles bei mir angestoßen und verändert. Es hat mich dazu gebracht, darüber nachzudenken, ob ich glücklich bin.

Eigentlich wusste ich bereits, dass ich todunglücklich war, hatte mich aber bisher damit abgefunden. Ich war fest davon überzeugt, dass es nur mit einem mich liebenden Partner anders werden würde.

Außerdem wollte ich mich mit dem Thema nicht auseinandersetzen. Es machte mich immer sehr traurig, über mein Leben nachzudenken. Ich verfiel in Selbstmitleid, dann ging es mir noch schlechter.

Ich war mir sicher, dass es mein Schicksal sei, einsam und allein zu sein. Dass meine Kindheit und somit mein Elternhaus Schuld daran seien, dass ich so ein kühler und beziehungsunfähiger Mensch geworden bin.

Ich ertrug keine glücklichen Menschen oder Paare und habe mich immer mehr und mehr von der Außenwelt abgekapselt. Ich habe mich dafür geschämt, dass es nichts gab, was an mir liebenswert oder besonders toll war, bis auf meinen Job. Ich war total uninteressant für meine Mitmenschen. Eine hohle, hübsche Hülle, sonst nichts.

Das habe ich wirklich von mir gedacht. Und die Menschen um mich herum gaben mir unbewusst die Bestätigung dafür. Ich war beruflich in ganz Deutschland unterwegs. So viele Begegnungen, die unbedeutend und oberflächlich waren. Für mich war das der Beweis dafür, dass ich als Mensch nichts zu bieten habe, deswegen suchte meiner Meinung nach niemand länger Kontakt zu mir.

Aber eines hatte ich: meine Arbeit. Die konnte mich gut trösten. Leistung erbringen, immer 100 Prozent geben und verlässlich sein, dafür Lob und Anerkennung bekommen und ständig beruflich weiterkommen. Das war mein Lebensinhalt.

Bis dieses Buch von Dr. Joseph Murphy alles durcheinandergebracht hat. Zum ersten Mal las ich, dass jeder glücklich werden kann und dass unser Unterbewusstsein für uns alles zum Positiven verändern kann.

Es tat mir gut, die Tipps auszuprobieren und mich inspirieren zu lassen. Das positive Denken war mir neu, also versuchte ich, die schönen Affirmationen umzusetzen und Wünsche ans Universum zu richten, auch wenn mein Verstand noch gehemmt war und nicht wirklich daran geglaubt hat, dass sich etwas in meinem Leben ändern wird.

# Muss es uns schlecht gehen, damit wir etwas verändern?

Nein, es muss uns nicht zwangsläufig schlecht gehen, damit wir unser Leben umkrempeln. Aus meiner persönlichen Erfahrung heraus ist es aber einfacher, dann einen Neustart zu wagen oder etwas zu verändern, wenn der Druck hoch ist und wenn wir unglücklich sind. Aber unabhängig davon, wie deine Ausgangsposition ist: Du kannst immer und sofort damit beginnen, etwas für ein zufriedeneres Leben zu tun.

Heute bin ich ein glücklicher und dankbarer Mensch. Trotzdem verändere ich mich regelmäßig. Das Leben ist wie ein Fluss, er fließt immer weiter, egal wie du dich entscheidest. Ob du stehenbleibst, eine Pause machst, oder stetig mit der Strömung schwimmst. Das Leben selbst ist Veränderung. Bleibst du mitten im Fluss stehen, wird das Wasser an allen Seiten vorbeifließen, du kannst es nicht verhindern. Es geht immer weiter im Leben, egal was mit uns ist.

Auch ein zufriedener und glücklicher Mensch sollte Ziele haben, um auch zufrieden und glücklich zu bleiben. Glück ist kein Zufall. Für unser persönliches Glück müssen wir aktiv werden. Bleib deshalb nicht im Fluss stehen, sondern gehe immer weiter. Nur du bestimmst das Tempo. Ob du schneller oder ganz langsam unterwegs sein möchtest, entscheidest nur du. Der Weg ist das Ziel.

# Was erwartet dich in diesem Buch? & Tipps zur Umsetzung

In meinem Buch erwarten dich Wege zur Veränderung, praktische Tipps und Anleitungen, wie du an dein Ziel kommst. Es ist ein kleiner Ratgeber zu verschiedenen Themen, die wichtig sind, um ein erfülltes und glückliches Leben zu führen. Die einzelnen Kapitel führen alle in eine Richtung, sie begleiten dich dabei, deinen Weg weiterzugehen, vor allem, wenn du dich verloren fühlst und nicht weißt, wie du das anstellen sollst.

Du fragst dich bestimmt, wie ich dazu komme, dir Tipps zu geben. Ich bin keine Psychologin oder Neurowissenschaftlerin. Aber in den letzten 20 Jahren hatte ich genug Zeit, mich mit Hirnforschung, positivem Denken, Selbstliebe, Achtsamkeit, Meditation, Mindset, Autogenem Training, Yoga, Buddhismus, Psychotherapie, Familienaufstellung, Selbstfindungsseminaren und Motivationstrainings zu beschäftigen.

Ich war viele Jahre als Motivationscoach tätig. Bevor man Mitarbeiter coachen darf, muss man tiefgehende Selbstfindungsseminare mit Feedback durchgemacht und aus ihnen gelernt haben. Wer an sich zweifelt, ist kein ehrlicher Coach.

Das, was mir auf meinem Weg zum Glück geholfen hat, teile ich gerne mit dir. Dabei werde ich auch Veröffentlichungen aus der Neurowissenschaft zitieren. Bei langjährigen wissenschaftlichen Untersuchungen wurde nämlich bewiesen, dass wir unser Gehirn positiv beeinflussen und verändern können. Dieser Teil ist mir besonders wichtig, damit auch die Zweifler und Pessimisten etwas bekommen, an das sie glauben können. Wir sind das, was wir denken zu sein.

## Sei offen und setze dich nicht unter Druck

Ich möchte dich bitten, offen zu sein. Wenn du von Anfang an negativ eingestellt bist (du denkst zum Beispiel: So ein Quatsch, das kann ja gar nicht funktionieren, ich habe das alles schon ausprobiert und nichts hat geholfen), wird sich auch nichts zum Positiven verändern. Du bleibst so, wie du bist. Du bleibst negativ. Aber glaub mir, alle Tipps, die du hier findest, sind hilfreich und funktionieren. Dass dir manche Dinge leichter fallen, als andere ist normal.

Setze dich niemals unter Druck. Druck ist ein negatives Gefühl. Neue Dinge lassen sich besser umsetzen, wenn du sie locker siehst, einfach ausprobierst und neugierig bleibst. Klappt es heute nicht, dann probiere es morgen wieder. Klappt es diese Woche nicht, weil du gerade viel Action hast, dann versuche es in einem ruhigen Moment, wenn du Zeit für dich hast. Apropos Zeit: Die solltest du aufbringen, es geht schließlich um dich!

Vieles wird dir vertraut vorkommen, du hast es vielleicht irgendwo schon einmal ähnlich gelesen oder bereits ausprobiert. Ich war immer auf der Suche nach einem Buch, das alles zusammenfasst, was mich interessiert und was auch wirklich funktioniert. Meistens beinhalten Motivationsbücher viel Rhetorik und wenig Praxis. Wenn praktische Tipps dabei sind, dann nur auf ein Thema bezogen. In diesem Buch habe ich deshalb eine Zusammenfassung aller für mich wichtigen Themen gemacht, die dir auf deinem Weg zum Glück helfen werden.

## Gib dir jeden Tag positiven Input

Dieses Büchlein soll dein Rettungsanker sein, wenn du wieder in alte Muster zurückfällst. Das passiert, weil es normal ist, dass unser Gehirn sich immer den Weg des geringsten Widerstandes sucht. Täglich bewusst an sich zu arbeiten, bedeutet vor allem eines: achtsam zu sein.

Das gelingt aber nicht immer, auch mir nicht. Schließlich gehen das Leben und unser Alltag ständig weiter. Nicht jeder Tag ist gleich, die täglichen Begegnungen und Termine unterscheiden sich, oft sind wir aus der Situation heraus gezwungen zu handeln, ohne dass Zeit zum Durchschnaufen oder Nachdenken vorhanden ist. Wichtig ist, dass du nicht vergisst, an dir zu arbeiten. Sobald du ein paar Tage damit pausierst, fällst du zurück in alte Muster.

Wir Menschen sind von Grund auf negativ eingestellt, denn das Positive war in der Steinzeit nicht wichtig für unser Überleben. Gute Erfahrungen gleiten an uns ab, wie an einer beschichteten Teflonpfanne. Wir speichern sie nicht ab und vergessen sie schnell. Negative Gedanken und Erlebnisse hingegen bleiben an uns haften wie Kletten, sie bleiben uns im Langzeitgedächtnis erhalten.

Diese Tatsache soll dir nicht die Hoffnung auf ein glückliches Leben nehmen, denn unser Gehirn lässt sich beeinflussen. Da es positive Erfahrungen nicht lange abspeichern kann, müssen wir ihm regelmäßig positiven Input geben. Das funktioniert so einfach und wunderbar.

Du wirst in Zukunft immer wissen, wo du nachblättern kannst, wenn sich der Schlendrian mal wieder einstellt. Je länger du an dir arbeitest, desto mehr positive Erfahrungen wirst du sammeln. Du wirst lernen, die Techniken schnell wieder abzurufen. Je länger du pausierst, desto länger brauchst du auch, um die Techniken wieder anzuwenden, bis ein Automatismus in deiner Denkweise einkehrt.

Mein Tipp ist, täglich wenig an dir zu arbeiten, statt nur ab und zu sehr viel. Langfristig ist es die Regelmäßigkeit, die dir den gewünschten Erfolg bringen wird. Nur die täglichen Impulse verändern dich auf Dauer und machen dich zu einem zufriedenen und glücklichen Menschen. Viele kleine Schritte sind nötig, um ein erfülltes Leben zu führen.

## Praktiziere alle Schritte

Meine Empfehlung ist es, jeden der folgenden 10 Schritte zu praktizieren. Sie alle führen dich zum Ziel. Wenn du den einen oder anderen Schritt überspringst, weil du schnelle Erfolge sehen willst, wird es kein Erfolg auf Dauer sein.

Ein Mensch, der keinerlei Struktur in seinem Leben hat, kann der glücklich werden? Ein Mensch, der Selbstliebe nicht kennt, kann der glücklich werden? Ein Mensch, der sich keine Zeit für sich nimmt, kann der glücklich werden? Ein Mensch, der nicht regelmäßig an sich arbeitet, kann der glücklich werden? Ein Mensch, der nicht dankbar ist, für das, was er hat, kann der glücklich werden? Ein Mensch, der nicht achtsam ist, kann der glücklich werden? Ein Mensch der nicht offen ist für Veränderungen, kann der glücklich werden? Ein Mensch, der immer seinen Mitmenschen, schlechten Erfahrungen, einer unglücklichen Kindheit, einer Krankheit oder einem Schicksalsschlag die Schuld für sein trauriges Leben gibt, kann der glücklich werden?

Die Antwort auf diese Fragen ist: Nein!

Wir können nicht wachsen, wenn wir so viele Baustellen haben. Glück ist von verschiedenen Parametern abhängig, damit es von Dauer ist.

Du willst etwas in deinem Leben verbessern, deswegen liest du dieses Buch. Ich gratuliere dir. Du gehörst zu dem kleinen Kreis der Menschen, die sich positiv verändern möchten. Du gibst nicht der Welt da draußen die Schuld für die Dinge, die für dich nicht gut laufen. Das ist der erste und wichtigste Schritt.

Viel Freude bei deiner Veränderung.

»Die Selbstliebe macht es uns einfach, zu lieben.

Wer sich selbst liebt, hat sehr viel zu geben.

Wer sich selbst nicht liebt, der nimmt nur.

Wer nur nimmt, wird nie glücklich werden.«

# Meine 10 Schritte zum Glück

1. Struktur im Leben durch Planung

2. Status Quo/Selbsterkenntnis

3. Selbstliebe

4. Achtsamkeit und Rückzug

5. Mindset

6. Dankbarkeit

7. Großzügigkeit und Karma

8. Vergebung

9. Meditation

10. Mentoren finden

# 1. Struktur im Leben durch Planung

Warum benötigen wir Struktur im Leben? Ganz einfach: Ohne Struktur, ohne Planung können wir kein Ziel erreichen. Wir kommen nicht vorwärts, sondern treten auf der Stelle. Struktur schafft die Basis, sie bildet den Rahmen, in dem wir uns bewegen.

Wenn du deinem Leben Struktur gibst, sorgst du für Klarheit, für Zufriedenheit, für mehr Freiheit und Leichtigkeit in deinem Alltag. Strukturen helfen dir, die wichtigen Dinge im Fokus zu behalten. Damit kannst du abschätzen, wie dein Tag aussieht, wie viel Zeit du für die zu erledigenden Aufgaben hast.

Struktur schafft mehr Freizeit, mehr Ruhezeiten. Mehr Zeit für die Dinge, die das Leben lebenswert machen. Und mehr Zeit, um an deinem Glück zu arbeiten.

Das sind meine Tipps für mehr Struktur in deinem Leben:

## Plane im Voraus

Ich mache mir einen Plan für den ganzen Monat. Dort trage ich meine festen Termine ein, um einen Überblick zu bekommen, wie der Monat im Groben aussieht.

Tatsächlich nutze ich dafür einen altmodischen Jahreskalender aus Papier mit einer Woche auf zwei Seiten, keinen digitalen Kalender. Ich schreibe noch alles per Hand auf. Der Vorteil: Schon während ich die zu erledigenden Ziele notiere, bekomme ich einen Überblick und ein Gefühl dafür, wie arbeitsreich die Woche sein wird und wo ich freie Zeiten für Me-Time sehe.

Das ist wirklich kein Muss, du kannst deine Termine auch auf deinem Handy eintragen, wenn du es als praktischer empfindest. Ich persönlich finde alles gut, was mich von meinem Handykonsum abhält. Ich bin Bloggerin und verbringe zu viel Zeit mit dem Handy, aber das kann bei dir ganz anders sein.

Als Nächstes plane ich eine Woche im Voraus, nicht länger, denn Pläne können sich ändern, feste Termine meistens nicht. Die Gegenwart ist wichtig: das Hier und Jetzt.

## Setze Prioritäten

Schreibe dir zuerst die wichtigsten Dinge auf. Das ist zum Beispiel deine Arbeit. Notiere, wie lange du pro Tag arbeiten wirst. Dann machst du Unterpunkte, was dringend zu erledigen ist, was nicht so wichtig ist, und um was du dich kümmern kannst, wenn innerhalb deiner Arbeitszeit noch Kapazitäten bleiben. So strukturierst du deinen Arbeitstag.

Ich notiere gerne mit rot den Buchstaben A hinter Dinge, die sich nicht aufschieben lassen, den Buchstaben B für wichtig, aber nicht eilig, und C für nice to have, wenn noch Zeit übrig ist.

Neben der Arbeit hast du sicherlich auch noch viele andere Dinge zu erledigen. Trenne bei deiner Planung unbedingt Privates und Geschäftliches. Nach der Arbeit hast du Zeit, dich um dein Privatleben zu kümmern. Strukturiere auch dieses. Bleibt nie Zeit, täglich 30 Minuten mit deinem Kind zu spielen? Kein Wunder, es steht wahrscheinlich nicht als Priorität auf deinem Plan.

Auch bei privaten Vorhaben sind Zeitangaben wichtig, sonst werden wir faul. Wir setzen uns vor den Fernseher, scrollen ständig am Handy herum und bekommen nicht mit, dass es schon wieder so spät ist. Wir müssen aber eigentlich noch einkaufen gehen und mit dem Kind für die Probe am nächsten Tag lernen. Und die Me-Time bleibt auch schon wieder auf der Strecke und wird verschoben. Warum?

Ganz einfach: Weil unsere Zeit bereits vor dem Fernseher lief und für etwas anderes nun keine Zeit mehr übrig bleibt. Der Alltag hat uns im Griff, nichts ändert sich. Frust baut sich auf, nicht nur bei uns selbst, sondern auch beim Partner und den Kindern.

## Zeitmanagement ist die Lösung

Als strukturierter Mensch hast du deinen Tagesablauf im Griff. Wichtig ist, dass du jeden Punkt abhakst, wenn du ihn fertig hast. Alle Prioritäten A und B sollten am Abend erledigt sein. Die Prioritäten C schaust du dir nochmal an und schreibst sie als Priorität B für den nächsten Tag auf.

Warum ist das so wichtig? Erst wenn du Zeit für dich hast, kannst du an dir arbeiten, dir Gutes tun, achtsamer werden, nachdenken und wachsen. Ich habe keine Zeit, ist leider nur eine Ausrede. Es ist eine Lüge, du belügst dich selbst.

Du hast keine Zeit für andere, weil sie dir nicht wichtig sind, und du nimmst dir die Zeit nicht für dich, weil du dich nicht mit dir auseinandersetzen möchtest. Du planst diese Zeit nicht als Priorität ein, das ist alles.

Natürlich gibt es Tage, die außerplanmäßig verlaufen, das meine ich nicht. Bist du zum Beispiel ein Arzt oder eine Ärztin in der Notaufnahme, kannst du deine Schicht nicht planen. Aber gerade, wenn du einen Job hast, der unberechenbar ist, brauchst du Struktur für den Rest deines Tages. Du solltest dich zumindest um die ganz wichtigen To-dos kümmern, sie umorganisieren oder verschieben.

Wenn du sie aber gar nicht auf dem Schirm hast, weil es keinerlei Struktur oder Organisation in deinem Leben gibt, bleiben viele wichtige Prioritäten auf der Strecke.

## Die wichtigste Priorität bist du

Am Anfang wird es ungewohnt sein, Zeit für dich einzuplanen und diesen Termin mit dir selbst nicht zu vertrödeln, weil du ein Ziel hast: Du willst ein glückliches und erfülltes Leben führen, oder warum sonst hast du dir mein Buch gekauft?

Beginne also damit, Struktur in deinen Alltag zu bringen und plane feste Termine mit dir selbst ein. Damit ist übrigens nicht der Termin mit deiner Freundin zum Kaffeetrinken gemeint. Den notierst du dir auch, klar, du musst ja wissen, wann und wie lange du Zeit hast, dich zu verabreden. Aber Me-Time hat nichts mit Kontakten zu anderen zu tun. Das ist nämlich nur wieder eine Ablenkung von uns selbst.

Socializing ist wichtig zur Kontaktpflege mit Menschen, die uns etwas bedeuten. Es hat aber nichts mit der Auseinandersetzung mit uns selbst zu tun, und mit dem, was wir verändern wollen. Es gibt keine Ausreden mehr, warum sich nichts in deinem Leben ändert.

## Wie findest du Zeit für dich?

Ich stehe zum Beispiel morgens früher auf als meine Kinder, damit ich Me-Time habe. Zeit für Stretching, Zeit für meinen Kaffee, Zeit mir mein Mantra für den Tag zu überlegen und auszusprechen, Zeit um an meinem Mindset und meiner Selbstliebe zu arbeiten. Zeit, um mir die Prioritäten des Tages aufzuschreiben.

Abends plane ich wieder Zeit für mich ein, für Sport, Yoga, Meditation, Reflexion – alles, was mich entspannt. Wenn dann noch Zeit für eine Serie auf Netflix oder das Handy übrig ist, umso besser. Erst die Pflicht, dann das Vergnügen.

Am Anfang wirst du wahrscheinlich übermotiviert sein, das ist auch mit den guten Vorsätzen für das neue Jahr so. Man hat so vieles vor, hält es aber nicht lange durch. Ohne Struktur vielleicht eine Woche. Mit Struktur und Regelmäßigkeit benötigt man hingegen keine guten Vorsätze, man bleibt dran. Wir sehen die Veränderungen in unserem Kalender. Am Anfang fällt es uns schwer, die Zeiten abzuschätzen, wir stopfen unseren Tag voll und werden merken, dass wir nicht alles schaffen können.

Nimm dir nicht zu viel vor. Der Weg ist das Ziel. Veränderung benötigt Zeit. Alles Neue im Leben braucht Übung, bis sich ein Automatismus einstellt.

Das Wichtigste in deinem Leben bist du! Plane täglich Zeit für deine Selbstverwirklichung ein. Vielleicht sind es erst 10 Minuten täglich, was schon super ist, wenn du vorher nicht eine freie Minute für dich hattest. Überfordere dich nicht, das frustriert nur. Kleine und regelmäßige Schritte führen genauso zum Ziel.

# 2. Status Quo und Selbsterkenntnis

Nun weißt du, wie du dir durch Struktur im Leben Zeit für dich selbst nehmen kannst. Es ist so weit: Dein Kalender sagt dir: Jetzt hast du Zeit. Aber was geschieht als Nächstes? Was machst du jetzt mit deiner eingeplanten Zeit, nur für dich allein? Da ist nichts, was dich ablenkt. Niemand, der diese Zeit mit dir teilt. Keine Musik, kein Netflix, kein Sport, kein Hobby. Die perfekte Ausgangssituation für das, was jetzt kommt.

## Status Quo – dein gegenwärtiger Zustand

Um eine positive Veränderung voranzubringen, ist es notwendig, innerlich aufzuräumen. Wo befinde ich mich gerade, in welcher Phase meines Lebens? Wie geht es mir heute und generell? Was fehlt mir, um ein glückliches Leben zu führen? Wer bin ich? Was will ich? Was stört mich? Mache dir eine Liste mit allem, was dir einfällt.

Diese Liste sollte zwei Spalten haben. Eine für alle negativen Dinge, die du an deinem Leben nicht magst. Die zweite Spalte ist für die positiven Dinge reserviert: Alles, was dir an deinem Leben gefällt, wofür du dankbar bist. Diese Aufgabe ist gar nicht so einfach, das wirst du vor allem an der positiven Spalte merken. Denn unser Gehirn kann laut Gehirnforschung positive Erfahrungen nicht lange abspeichern. Sie gleiten an uns ab wie an einer beschichteten Teflonpfanne und geraten schnell in Vergessenheit.

Bei negativen Erfahrungen reagiert unser Gehirn dagegen anders. Es speichert sie viel länger ab. Je schlimmer das Erlebnis, desto mehr manifestiert es sich in unserem Gehirn. Selbst nach Jahren können wir uns noch gut daran zurückerinnern.

## Wir können unser Gehirn positiv verändern

Der Psychologe Donald O. Hebb gilt als der Entdecker der synaptischen Plastizität. Er formulierte 1949 die Hebbsche Lernregel. Sie besagt, dass unser Gehirn ein lernendes Organ ist und dass wir es durch persönliche Erfahrungen verändern können.

Das heißt, dass alles, was wir wiederholt in uns aufnehmen, was wir spüren, denken und fühlen, langsam die neuronalen Strukturen unseres Gehirns verändert. Tag für Tag beeinflusst unsere Psyche die Beschaffenheit unseres Gehirns. Das heißt: Wir können es auch positiv verändern.

Aus der Hirnforschung weiß man: Es sind unsere Erfahrungen, die zählen. Unser Gehirn wird von unserem Verhalten bestimmt. Auch Buddha hat das erkannt, als er sagte: Der Mensch ist das Produkt seiner Gedanken.

Wer seinem Gehirn nur negativen Input gibt, zum Beispiel in Form von zu viel Selbstkritik, Vorurteilen allem Neuen gegenüber, Nörgelei, Unzufriedenheit, Stress, Komplexen, Ängsten …, der wird kein glückliches und zufriedenes Leben führen. Dasselbe gilt, wenn jemand schlechte Erfahrungen aus der Vergangenheit nicht loslassen kann.

Dazu gehört auch, wenn wir neidisch sind, nicht gönnen können, egoistisch sind, nicht teilen wollen. Das sind keine Eigenschaften, die glücklich machen. Sie bewirken eher das Gegenteil: Sie machen unglücklich, weil man sich immer mit anderen vergleicht, statt sich auf sich selbst zu konzentrieren.

Du wirst beim Punkt Status Quo die Selbsterkenntnis erlangen, was sich in deinem Leben verändern soll, damit du glücklich werden kannst. Dir wird vielleicht zum ersten Mal klar, wie du eigentlich so tickst, wie du denkst und welche Punkte es sind, die du verändern möchtest. Die gute Nachricht an dieser Stelle ist: Damit können wir arbeiten!

# 3. Selbstliebe

Selbstliebe ist ein Gefühl des Vertrauens, der Zuversicht und des Stolzes auf dich selbst als Mensch, auf deinen Charakter, deine Fähigkeiten und Kenntnisse. Die Eigenliebe ist die komplette Annahme deines Selbstbildes. Nicht nur das, was du kannst ist toll, auch als Mensch bist du wertvoll. Du magst dich genau so, wie du bist. Dinge, die dich stören, änderst du. Du bist reflektiert und kennst auch deine Schwächen. Du arbeitest fortlaufend an dir, weil du dir wichtig bist. Du bist der wichtigste Mensch in deinem Leben.

## Du bist der wichtigste Mensch

Nicht erschrecken! Es geht nicht um Egoismus oder Narzissmus. Es geht um Selbstakzeptanz und dein Selbstwertgefühl. Wer sich selbst nicht ausreichend liebt, der hat mehr zu nehmen, anstatt zu geben. Wenn du zu wenig Selbstliebe in dir trägst, dann bist du immer auf der Suche nach anderen Menschen, die dir das geben, was dir fehlt. Wer sich selbst liebt und wertschätzt, hat viel zu geben. Das ist alles andere als egoistisch.

Auch wenn unsere Eltern uns im besten Fall alle nötigen Grundlagen für ein gutes Selbstwertgefühl durch die Erziehung mitgegeben haben – spätestens wenn wir in die Schule kommen, geht es um Leistung. Wir messen uns mit den Besseren, wir fühlen uns schlecht, wenn wir keine guten Noten bekommen. Wir denken, dass wir nur gut sind, wenn unsere Leistung gut ist.

Wir werden bewertet und wir werten.

## Warum Selbstliebe so wichtig ist

Es ist das Wichtigste überhaupt, genügend Selbstliebe in sich zu haben, um glücklich zu werden. Nur, wenn wir uns selbst lieben, können wir auch empathisch sein, Mitgefühl für andere empfinden und gesunde Beziehungen zu Freunden, zu unserem Partner, zu unseren Kindern und Mitmenschen aufbauen.

Es ist elementar für uns, Selbstachtung zu entwickeln. Nicht nur für uns selbst, sondern vor allem im Hinblick auf die Menschen um uns herum, die wir lieben und die uns etwas bedeuten.

Eine Beziehung ist dann harmonisch und glücklich, wenn beide Partner sich viel zu geben haben. Wie das Yin und Yang aus der chinesischen Philosophie. Dieses Zeichen steht für entgegengesetzte und dennoch aufeinander bezogene Kräfte, die sich ergänzen.

Ohne Selbstliebe wirst du nicht langfristig glücklich und zufrieden sein. Selbstliebe ist notwendig auf dem Weg zum Glück und damit ein wichtiger Schritt in die richtige Richtung. Durch den Status Quo – die Selbsterkenntnis – weißt du, was du verändern möchtest. Jetzt geht es mit der Selbstliebe weiter. Wie können wir Selbstliebe lernen?

## Meine Tipps für mehr Selbstliebe

Jetzt wird es sehr persönlich. Bitte mache noch eine Liste. Unterteile sie in zwei Spalten. Die erste Spalte hat die Überschrift: »Was mag ich an mir?«. Die zweite Spalte hat die Überschrift: »Was mag ich nicht an mir?«.

Hier geht es nur um dich allein, bitte belüge dich nicht. Sei so ehrlich, wie du es nur sein kannst. Diese Listen sind nur für deine Augen bestimmt. Du brauchst dir also keine Mühe geben, dich diplomatisch auszudrücken, Eigenschaften zu beschönigen, weil du dich vielleicht für sie schämst, oder ein Geheimnis wegzulassen, das du unter den Tisch kehren möchtest. Nur wenn wir uns ehrlich und offen mit all unseren Fehlern und Schwächen auseinandersetzen, können wir etwas in uns verändern.

Schreibe genau so, wie es dir in den Sinn kommt, zum Beispiel: Ich bin neidisch auf Nicole, weil Sie sich alles leisten kann, ich gönne niemandem sein Glück, ich hasse meine Unsicherheit, ich mag meine Nase nicht, ich bin ein Looser, ich stelle nichts dar, ich habe Angst vor Neuem, ich kann nicht loslassen, ich bin nachtragend, ich denke nur an mich, ich bin nicht liebenswert, ich kann keine Gefühle zeigen, ich bin oberflächlich, ich bin schwach, ich bin negativ, ich traue mir nichts zu, ich bin eine graue Maus, ich bin schüchtern, ich bin unglücklich, ich bin einsam, ich interessiere mich nur für mich, ich bin berechnend, ich bin aggressiv, ich bin hässlich, nie schaffe ich es, durchzuhalten.

Jetzt die andere Seite: Was fällt dir Positives zu dir als Mensch ein? Was mögen andere an dir? Beispiele: Ich kann gut zuhören, ich bin einfühlsam, ich bin verschwiegen, ich bin zuverlässig, ich bin pünktlich, ich stehe gerne früh auf, ich mag meine Augen, ich mag mein Lächeln, ich bin ehrgeizig, ich bin freundlich, ich bin beliebt, ich mag meine offene Art, ich bin ehrlich, ich bin selbstbewusst, ich bin fleißig, ich bin strukturiert, ich bin sozial und hilfsbereit, ich bin lernwillig, ich mag Veränderungen, ich bin neugierig, ich bin klug, ich bin treu, ich bin kritikfähig, ich bin dankbar.

## Was macht dich aus?

Jetzt siehst du es vor dir liegen, dein gefülltes Blatt Papier, mit allem, was dein Leben, dich als Mensch und deinen Charakter deiner Meinung nach ausmacht.

Steht in beiden Listen viel mehr auf der negativen als auf der positiven Seite? Dann hast du einiges an dir zu arbeiten, um deinem Glück näher zu kommen.

Ist die positive Seite beider Listen voller? Dann brauchst du nur ein paar Dinge zu ändern, du bist schon auf dem richtigen Weg zum persönlichen Glück.

Wie geht es jetzt weiter mit dieser Gegenüberstellung? Freue dich über alles Positive, dass du an dir magst. Du möchtest deinen Weg zum Glück endlich beginnen, dann kümmerst du dich jetzt bitte nur um die positive Seite! Ja ganz richtig, wir kümmern uns nicht um das Negative, sondern nur um das Positive. Die Liste der positiven Dinge an dir und in dir, die wollen wir weiter füllen.

Die negative Liste bewahrst du bitte trotzdem gut auf, du brauchst sie später wieder, um festzustellen, dass du die meisten Dinge davon streichen kannst.

Kann man Selbstliebe lernen? Ja, auf jeden Fall! Man muss sie sogar lernen! Es gilt: Jeder Mensch ist selbst dafür verantwortlich, dass es ihm gut geht.

Gefühle wie Wut, Ekel, Hass oder Angst treten meist spontan auf. Eigenliebe ist eher ein Grundgefühl, das du dir gegenüber empfindest. Es ist eine Einstellung und Haltung zu uns selbst, auf die wir Einfluss nehmen und die wir uns durch gezielte Übungen aneignen können.

Selbstliebe zu erlernen ist ein Prozess, den wir bewusst angehen müssen, es ist nichts, was einfach von selbst passiert. Diese 6 Schritte helfen Dir dabei:

# 6 Schritte zur Selbstliebe

1. Behandle dich selbst so, wie du von anderen behandelt werden möchtest. Sei dein:e beste:r Freund:in. Nimm dir Zeit für dich. Höre dir zu: Was sagt dir dein Inneres, was fühlst du, was denkst du? Habe Verständnis für dich, wenn es mal nicht rund läuft.

2. Finde täglich etwas, mit dem du zufrieden bist. Egal, ob du deine To-dos erreicht hast, ob du beim Yoga gewesen bist und dich jetzt entspannt fühlst, ob du heute besonders hübsch aussiehst, irgendetwas wirst du finden. Schreibe dir diese Kleinigkeiten auf oder mache sie dir kurz bewusst, wenn du den Tag Revue passieren lässt. So lernst du, und vor allem dein Gehirn, das Positive an dir und an deinem Leben wahrzunehmen.

3. Belohne dich, gönne dir etwas Schönes. Erlaube dir regelmäßig eine Pause. Me-Time. Nimm dir Zeit für Sport oder einen Spaziergang. Bewegung hilft immer! Meditation, Qi Gong, Tai Chi, Massagen entspannen dich und deine Seele, nehme das wohltuende Gefühl wahr.

4. Freue dich über Erfolge. Feiere dich, sei stolz auf dich und das, was du tust. Hast du Glück in einer Sache, dann freue dich darüber, du hast es verdient. Jeder braucht Bestätigung und Affirmationen, vor allem von sich selbst. Warte nicht auf Komplimente, mache dir selber welche.

5. Vergleiche dich nicht mit anderen Menschen, die dir ein ungutes Gefühl geben oder dir ein schlechtes Gewissen machen. Du bist du. Es ist dein Leben und dein Interesse sollte in erster Linie dir selbst gelten. Du bist keine Kopie von jemand anderem. Du bist einmalig.

6. Tägliche Affirmationen können sein:
   - Heute bin ich voller Energie und voller Freude.
   - Ich bin stolz auf mich und alles, was ich erreicht habe.
   - Ich verdiene Liebe, Mitgefühl und Emphatie.
   - Ich entscheide mich, glücklich zu sein und mich vollkommen zu lieben.
   - Gute Dinge finden heute den Weg zu mir.
   - Meine Träume werden wahr.
   - Ich bin dankbar für mein gutes Leben.
   - Jeder Tag ist ein Geschenk.
   - Ich bin stark, selbstbewusst und positiv.
   - Ich bin gut genug.
   - Ich sage ja zu mir selbst.
   - Ich erreiche, was ich mir vornehme.
   - Ich strahle Schönheit, Charme und Anmut aus.
   - Ich mag mich, ich bin ein wertvoller Mensch.

Täglich sagst du dir nach dem Aufstehen, was du dir für den heutigen Tag wünschst und was du an dir magst. Du kannst natürlich auch deine eigenen Affirmationen benutzen, deine eigenen Worte. Es müssen nicht so viele sein, wie oben im Beispiel. Du wirst sehen, wenn du damit anfängst, fällt dir täglich mehr ein, was du Liebevolles zu dir sagen kannst. Denke dir die Sätze nicht nur, sondern fasse deine Gedanken in Worte. Das ist effektiver.

# 4. Achtsamkeit und Rückzug

Achtsamkeit - jeder kennt dieses Wort. Aber was bedeutet es eigentlich? Die einen denken, es kommt aus der Esoterik-Ecke, die anderen meinen, es hat etwas mit Yoga und Entspannung zu tun. Gehört hast du dieses Wort bestimmt schon oft, gerade wenn es um das Thema Work-Life-Balance geht. Auf Instagram hat der Hashtag #mindfulness (Achtsamkeit) über 2,8 Millionen Treffer und der Hashtag #awareness (Bewusstsein) sogar über 12,5 Millionen.

Wenn man dann nachsieht, unter welchen Posts diese beiden Begriffe stehen, findet man sehr viel buddhistische Lebensweisheiten oder Motivationsseiten. Auf den Begriff selbst wird selten eingegangen, deswegen ein paar Sätze zu diesem Schlagwort, um es leichter einordnen zu können.

## Was ist Achtsamkeit überhaupt?

Achtsamkeit bezeichnet einen Zustand von Geistesgegenwart, in dem ein Mensch im Hier und Jetzt denkt und lebt, ohne durch Gedanken der Vergangenheit oder der Zukunft abgelenkt zu sein. Achtsamkeit ist eine Form der Aufmerksamkeit, eine Bewusstseinsklarheit.

Historisch betrachtet, ist Achtsamkeit vor allem in der buddhistischen Lehre und Meditationspraxis zu finden. In der westlichen Kultur ist das Üben von Achtsamkeit insbesondere durch verschiedene Psychotheraphie-Methoden bekannt geworden. Ihre positive Wirkung ist wissenschaftlich belegt:

Eine Studie, die 2014 im Journal of the American Medical Association veröffentlicht wurde ergab, dass Achtsamkeitsmeditation die Symptome von Angst, Depressionen und Schmerz signifikant reduzieren kann.

Eine weitere Studie (2011, Psychiatry Research) zeigte, dass Meditation die Dichte der grauen Substanz im Gehirn erhöhen kann, was mit verbessertem Lernen, Gedächtnis und Emotionsregulation in Verbindung gebracht wird.

2016 wurde im Journal of Cognitive Enhancement eine weitere Studie publiziert, die belegt, dass Meditation die kognitive Leistungsfähigkeit verbessern kann, insbesondere in Bezug auf Aufmerksamkeit, Arbeitsgedächtnis und kognitive Flexibilität. Achtsamkeit verspricht also mehr Zufriedenheit und Freude am Leben.

## Wie erreichst du Achtsamkeit?

Wie können wir mehr Achtsamkeit in unser Leben integrieren? Mit der Achtsamkeit ist es genau so, wie mit den vorherigen Punkten: Du darfst nicht zu schnell zu viel wollen. Wer sich unter Druck setzt, nach dem Motto: Jetzt denke ich mal drei Minuten an gar nichts, der wird leider versagen.

Achtsamkeit ist eine innere Haltung, an der du lange arbeiten musst, die kannst du dir nicht auf die Schnelle herbeiwünschen. Wir neigen oft zu Übereifer, alles muss und soll sofort funktionieren. Aber damit du in brenzligen Situationen, bei Schicksalsschlägen, Problemen, Konflikten und Stress auf deine innere Stärke zurückgreifen kannst, bedarf es viel Arbeit in Phasen, in denen dich nichts belastet. Gib dir dafür Zeit. Beginne nicht an dir zu arbeiten, wenn du dafür nicht bereit bist. Arbeit kostet Zeit, Arbeit kostet Kraft, Arbeit macht müde.

Aber die Arbeit an deinem Innen zahlt sich immer aus. Ein Investment in dich selbst ist das wichtigste Investment in deinem Leben, weil es bestimmt, wie du es lebst. Als dankbarer und glücklicher Mensch, oder als gestresster, negativer Mensch der nur für das Außen lebt und dessen Innen auf der Strecke bleibt?

Warum meditieren wir? Weil wir achtsam werden wollen. Nur in der Achtsamkeit erreichen wir völlige Entspannung und das Loslassen, von dem hier so viel die Rede ist.

Wann passieren Missgeschicke? Immer dann, wenn wir nicht achtsam sind. Wir erledigen eine Sache, egal welche, sind aber mit den Gedanken woanders. So passieren Unfälle, Missverständnisse und Pannen. Du warst nicht bei der Sache, du warst in diesem Moment nicht achtsam, deswegen ist dir ein Fehler unterlaufen.

Buddha hat gesagt: Damit eine Wunde heilen kann, sollte man aufhören, sie ständig zu berühren. In der Achtsamkeit denkst du nicht über Vergangenes nach, auch nicht über die Zukunft. Du lebst im Hier und Jetzt. Du nimmst den Augenblick wahr. Was geschieht jetzt in diesem Moment? Wie fühlst du dich? Wo bist du? Was tust du? Du bist in der Gegenwart. Nimm sie wahr mit allen deinen Sinnen. Aber wie funktioniert das?

Hier sind ein paar leicht umsetzbare, alltägliche Situationen, in denen du Achtsamkeit üben kannst:

## Meine Tipps für mehr Achtsamkeit

- Du stehst unter der Dusche. Stelle dir die Frage: Wie fühlt sich der Wasserstrahl auf der Haut an? Mir fällt dazu ein, dass sich das warme Wasser wie eine innige Umarmung anfühlt. Wie riecht dein Duschgel? Unterbewusst nimmst du wahr, dass du es benutzt. Die Aufgabe liegt jetzt aber darin, dass du dir bewusst machst, was du spürst und riechst. Du nimmst die Gegenwart wahr. Sei achtsam. Sei mit deiner Gedankenwelt im Hier und Jetzt.

- Du sitzt beim Frühstück: Wir haben alle unsere Morgenrituale. Oft lassen wir uns vom TV berieseln oder schauen nebenbei aufs Handy, während wir unser Porridge löffeln. Wir sind nicht achtsam. Wir schmecken gar nicht richtig, was wir essen, weil wir abgelenkt sind. Lege alle Ablenkungen beiseite. Wie schmeckt dein Kaffee? Wie ist das Wetter draußen? Sei achtsam, nicht abgelenkt.

- Du bist unterwegs zur Arbeit, machst einen Spaziergang oder bist auf dem Weg zum Auto: Normalerweise grübelst du, entweder es geht um deinen nächsten Termin, oder um sonst etwas, das in der Zukunft liegt. Du hast bestimmt nicht die Umwelt wahrgenommen. Was hörst du? Wie riecht die Luft? Was macht die Natur? Atme bewusst lange ein und aus, fülle deine Lunge mit der frischen Luft. Sei achtsam. Nimm wahr, was um dich herum geschieht.

Wenn du täglich kleine Momente der Achtsamkeit übst, fallen dir die Meditation und das Loslassen viel leichter. Dir ist bewusst, was Achtsamkeit ist.

# 5. Mindset

Dein Mindset ist dafür verantwortlich, wie du denkst, wer du bist, wie du Dinge wahrnimmst und wie du in bestimmten Situationen reagierst. Wir alle verhalten uns nach festgelegten Verhaltensmustern. Meistens aus Gewohnheit, weil wir gelernt haben, immer ähnlich zu reagieren. Unser Unterbewusstsein wird von unseren positiven und negativen Erfahrungen geprägt. Alle unsere Verhaltensweisen werden abgespeichert. Wir reagieren bei Angst, Frust, im Streit und so weiter meistens gleich. Auf unser Mindset ist Verlass.

Menschen mit positivem Mindset sind mutig, sie nehmen Herausforderungen an und lassen sich von Rückschlägen nicht entmutigen. Sie machen immer weiter, erkennen Chancen und nutzen diese.

Das Mindset beschreibt unsere Denkweise und unsere Überzeugungen. Ein positives Mindset ist die Voraussetzung für Erfolg und auch für ein glückliches Privatleben. Jeder kann ein positives Mindset entwickeln oder es zumindest zum Positiven verändern.

Wie kannst du dein Mindset verändern? Wer ein negatives Mindset hat, sucht die Ursachen von Misserfolgen oder Unglück bei anderen, weil das leicht und bequem ist. Für ein selbstbestimmtes und glückliches Leben müssen negative Menschen ihre Opferrolle verlassen und ihr Mindset verändern.

Wer ein glückliches und erfolgreiches Leben führen möchte, muss bereit sein, Verantwortung für sich und das eigene Leben zu übernehmen. Positive Menschen treffen Entscheidungen und akzeptieren die Konsequenzen.

Dein Mindset ist eine Mischung aus Selbstliebe, Achtsamkeit und Motivation. Wie du siehst, ist jeder von mir angesprochene Punkt auf deinem Weg zum Glück bedeutend. Deshalb ist die tägliche Übung und regelmäßige Praxis der erlernten Schritte so wichtig.

## Meine Tipps für ein positives Mindset

- Konzentriere dich nicht auf Dinge und Tatsachen, die du nicht verändern kannst.

- Werte nicht. Nehme Situationen wahr, aber beurteile sie nicht negativ. Nehme sie zur Kenntnis und mache weiter.

- Dosiere den Umgang mit negativen Menschen und Nachrichten.

- Bewege dich täglich. Unterschätze nicht die positive Wirkung der Bewegung für deinen Geist.

- Wenn du scheiterst, bleibe trotzdem motiviert. Klappt etwas nicht, dann war es nicht für dich. Etwas Größeres wartet auf dich. Misserfolge sind Chancen.

- Schraube deine Erwartungen nicht zu hoch. Wer zu viel erwartet, wird meistens enttäuscht.

- Sei dankbar für Erfolge und bleibe bescheiden. Erfolge sind nicht von Dauer, kein Moment ist von Dauer. Genieße deine Erfolge und mache weiter.

## Die Macht der Visualisierung

Stell dir vor, dass du deine Ziele erreicht hast. Stell dir vor, wie sich das für dich anfühlt. Unsere Vorstellungskraft hilft uns, Träume und Ziele in die Realität umzusetzen und unsere Ängste und Befürchtungen zu reduzieren.

Die positive Wirkung von Visualisierung ist wissenschaftlich erwiesen: Eine Studie, die 1989 im Journal of Experimental Psychology veröffentlicht wurde, fand heraus, dass das Visualisieren von Informationen dazu beitragen kann, sich besser an diese zu erinnern. Die Teilnehmer der Studie, die sich die Informationen visuell vorgestellt hatten, zeigten eine signifikant bessere Gedächtnisleistung als diejenigen, die dies nicht getan hatten.

Eine Studie im Journal of Behavioral Medicine ergab, dass das regelmäßige Visualisieren von entspannten Szenarien dazu beitragen kann, den Stresspegel zu senken und das allgemeine Wohlbefinden zu verbessern.

1999 wurde in der Zeitschrift Personality and Social Psychology Bulletin eine Studie publiziert, die die Wirksamkeit der Visualisierung von Erfolg untersucht hat. Dabei wurden die Auswirkungen der Visualisierung von Erfolg auf die Selbstwirksamkeit und die Leistung von Probanden untersucht. Die Ergebnisse zeigten, dass die Teilnehmer, die sich erfolgreich visualisiert hatten, eine gesteigerte Selbstwirksamkeit und eine verbesserte Leistung im Vergleich zu denen aufwiesen, die sich keine Erfolgsszenarien vorgestellt hatten. Diese Studie ist ein Beispiel dafür, wie die Visualisierung von Erfolg positive Auswirkungen auf die Leistung und das Selbstvertrauen haben kann.

Die Visualisierung einer Handlung stimuliert dieselben Gehirnregionen, die auch stimuliert werden, wenn wir die Handlung tatsächlich ausführen. Mit der Zeit wird die Zukunft, die du in deinem Kopf erschaffst, deine Gegenwart werden.

Mit einem Ziel-Mindset liegt dein ganzer Fokus auf dem, was du erreichen musst, um glücklich zu sein. Aber mit einem Werte-Mindset (Buddhismus) und der Kraft der Visualisierung versetzt du dich in den Zustand, bereits dort zu sein. Das Gefühl ist vertraut. Du konzentrierst dich nicht mehr auf das, was du nicht hast.

Mit diesem Ansatz kannst du deinen Körper und deinen Geist entspannen. Visualisiere jeden Tag dein inneres Selbst und treffe Entscheidungen, die auf dem basieren, wer du bist, anstatt auf den Taten, die unternommen werden sollten, um bestimmte Ergebnisse zu erzielen.

# 6. Dankbarkeit

Das Kapitel über Dankbarkeit zu schreiben, hat am längsten gebraucht. Weil Dankbarkeit ein Gefühl und zugleich eine Einstellung zu allem im Leben ist, was uns wichtig erscheint, was wir nicht als selbstverständlich erachten. Es ist mir schwergefallen, diesen Punkt kurz zu fassen. Er soll nicht zu religiös und spirituell rüberkommen, denn in jeder Religion, gehört die Dankbarkeit zur Basis des Glaubens. Und genau aus diesem Grund darf sie in meinem Buch und auf dem Weg zu eurem persönlichen Glück nicht fehlen. Dankbarkeit ist die Gabe, zu genießen, anzuerkennen und zu schätzen, zum Beispiel:

- Gesundheit
- Familie / Partner
- Wohlstand
- Momente
- Freunde
- berufliche Erfolge
- ein schönes Zuhause
- Sicherheit
- Freiheit

Die Forschung belegt, dass Menschen, die dankbar sind, ein höheres Maß an Zufriedenheit, Gesundheit und Glück zeigen. Sie können besser schlafen, empfinden weniger Druck und verfügen über eine verbesserte psychische Gesundheit.

Das Wissenschaftszentrum der Berkeley Universität für Allgemeinwohl (Greater Good Science Center) erforscht das Thema seit über 20 Jahren und ist zu dem Ergebnis gekommen, dass Dankbarkeit zu den wichtigsten Säulen des Glücks gehört. Sie fördert die Produktion von Serotonin und Dopamin, die als Glückshormone bezeichnet werden.

Dopamin wirkt antriebssteigernd und motivierend. Serotonin ist ein Stimmungsaufheller. Er gibt uns positive Vibes, innere Ruhe und Zufriedenheit.

Eine Studie, die von der Indiana University durchgeführt wurde (The Neutral Bases of Gratitude, 2009) ergab, dass Dankbarkeit mit einer erhöhten Aktivität in bestimmten Bereichen des Gehirns in Verbindung gebracht werden kann, insbesondere in Bereichen, die mit Belohnung, Moral und sozialer Kognition verbunden sind. 43 Personen, die aufgrund von Depressionen oder Ängsten behandelt wurden, nahmen an der dreimonatigen Studie teil. Das Ergebnis war, dass Dankbarkeit das Muster unseres Gehirns verändert.

Das bedeutet: Je mehr Dankbarkeit wir empfinden, umso besser können wir sozial und liebevoll mit unseren Mitmenschen umgehen.

Unser Gehirn speichert Dankbarkeit als positive Erfahrung ab. Nicht nur psychische Veränderungen wurden dadurch festgestellt, sondern auch körperliche. Wer dankbar ist, erkrankt weniger und fühlt sich körperlich fit. Ist die Dankbarkeit ein Schlüssel zum Glück? Auf jeden Fall!

## Meine Diagnose

Im Frühjahr 2023 habe ich eine Diagnose bekommen, die mich überrascht hat. Seit mehreren Monaten litt ich unter Schmerzen in der linken Hüfte. Zuerst hatte ich die Schmerzen nur ab und zu. In den letzten Wochen vor der Diagnose waren sie permanent da, vor allem im Ruhezustand, also wenn ich saß oder im Bett lag. Da in meiner Familie Arthrose ein Thema ist, bin ich davon ausgegangen, dass es sich bei mir ebenfalls darum handelt.

Mein Orthopäde war sich da aber nicht so sicher, da die Schmerzen an einer Stelle auftraten, wo es für gewöhnlich keine Arthrosebeschwerden gibt. Um das abzuklären, wurde ich ins MRT überwiesen.

Nach dem MRT, das ich nur dank meiner Meditationsatmung überstanden habe (ich leide unter Platzangst), gab es direkt im Anschluss ein Gespräch mit dem Radiologen, der mir meinen Befund mitteilte. Während er mir auf einem großen Bildschirm die MRT-Aufnahmen meiner Hüfte zeigte, kreiste er ein weißes, rundes Ding ein. Dann begann er mit den Worten: »Das ist ein Tumor, Frau Graf, keine Panik, in den meisten Fällen ist er gutartig.«

Der Radiologe redete weiter, von der Größe und so weiter, aber ich hörte ihm nicht mehr zu. Die Situation fühlte sich für mich so unwirklich an, als säße nicht ich hier, sondern jemand anderes. Ich habe es nicht gefühlt. Es konnte sich doch gar nicht um mich handeln. Außer mir und dem Radiologen war aber niemand im Raum. Ich kann mich nicht mehr daran erinnern, worüber wir noch gesprochen haben, es ist wie ausgelöscht.

Ich bekam meine MRT Bilder mit und sollte mit meinem Orthopäden die nächsten Schritte besprechen. Der Arzt sah sich die Aufnahmen an und kam zum gleichen Befund: ein seltener Knochentumor. Ich wurde an einen Professor im Klinikum Großhadern in München in die Tumor-Orthopädie überwiesen.

Mental ging es mir nach meiner Diagnose von Anfang an gut. Ich verschwendete keinen Gedanken daran, dass es Krebs sein könnte. Wie bereits gesagt, ich fühlte es nicht. Ich war überzeugt davon, dass ich es spüren würde, wenn ich ernsthaft krank wäre.

Als Buddhistin lebe ich im Hier und Jetzt. Ich weiß, dass Grübeln keine Sicherheit bringt, sondern nur Unsicherheit und Unruhe. Niemand wusste, was mich erwartet, warum sollte ich also die Zeit bis zur Gewissheit und darüber hinaus Angst haben, ständig darüber sprechen, mich ausfragen lassen, mich bemitleiden lassen, den Neugierigen Gesprächsstoff liefern?

Ich blieb ruhig und bei mir. Täglich meditierte ich und las Buddhas weise Worte. Ich genoss alles, was ich liebe. Ich war fröhlich und entspannt.

Da ich Influencerin bin, täglich von meinem Leben berichte und viele Kooperationen habe, musste ich mich auch hier für ein paar Wochen verabschieden, Events und Termine absagen, damit ich mich im Stillen um mich selbst kümmern konnte.

Mir ging es sehr gut damit, eine berufliche Pause einzulegen und mich nur noch auf meine Gesundheit zu konzentrieren. Plötzlich erschienen mir mein beruflicher Erfolg und die ganze Öffentlichkeit unwichtig. Meine Community und meine Kooperationspartner zeigten großes Verständnis für meine Situation.

## Was hat meine Diagnose mit Dankbarkeit zu tun?

Einfach alles. Ich war dankbar, weil mir bewusst war, dass mir geholfen wird, und das von den Besten. Weil ich so tolle Menschen an meiner Seite hatte, die für mich da waren und es noch sind. Weil meine Freunde genauso positiv und zuversichtlich waren wie ich. Weil es in meiner Familie und in meinem engen Umfeld niemanden gab, der mich ausfragte, zweifelte oder das Wort Krebs in den Mund nahm.

Mein enges Umfeld habe ich mir selbst ausgesucht. Es war schön, zu erfahren und zu erkennen, dass wir zueinander halten und die gleiche Vorstellung vom Leben haben.

Anders hingegen war es mit den Bekannten und Beobachtern. Bei dem Wort Tumor wurde sofort von Krebs und bei Behandlung von Chemotherapie gesprochen. Viele kannten sich scheinbar sehr gut mit Knochentumoren aus. Ich bekam Nachrichten auf Instagram, dass Knochenkrebs nicht heilbar sei, ich wurde zum Gesprächsthema auf Events. Es war wie ein Unfall, jeder schaute hin.

Nach einer zweimonatigen Behandlungs- und Therapiezeit bin ich heute tumor- und schmerzfrei.

Es ist natürlich schwierig, in solchen Situationen angemessen zu reagieren. Aus eigener Erfahrung kann ich nur sagen, was ich als angenehm empfand: Wenn jemand mir Kraft wünschte, mir schrieb und sagte, dass sie/er an mich denkt und alles gut wird. Das fand ich emphatisch und lieb. Wenn jemand Hilfe anbot, auch.

Was dagegen gar nicht ging: Neugierig zu sein, den genauen Stand der Dinge, den Namen des Tumors und die Behandlungsmethode zu erfragen oder mich zu bemitleiden. Wenn jemand Details wissen wollte, obwohl sie/er nicht zur Familie gehörte. Aber so sind die Menschen eben. Wer ernsthaft erkrankt oder große Probleme hat, dem geht es mit solchen Begleiterscheinungen bestimmt nicht besser. Deswegen zog ich mich aus der Öffentlichkeit zurück, ich machte mich nicht verrückt und ließ mich auch nicht verrückt machen.

## Wie lernt man, dankbar zu sein?

Kann man überhaupt lernen, dankbar zu sein, oder wird es uns anerzogen und von unseren Eltern vorgelebt? Wer das Glück hatte, dass Dankbarkeit im Elternhaus vorgelebt wurde, dem fällt es mit Sicherheit viel leichter, sie auch zu empfinden. Leider sind die meisten Dinge des täglichen Lebens für uns selbstverständlich geworden. Wir machen uns keine Gedanken darüber, wie es wäre, wenn uns dies oder jenes im Alltag fehlen würde. Warum Dankbarkeit für etwas so Banales wie den täglichen Kaffee empfinden?

Ja genau, darum geht es! Wer keine Dankbarkeit für scheinbar unscheinbare Dinge empfindet, der wird kaum Freude an großen Dingen haben.

Wann hast du das letzte Mal große Dankbarkeit empfunden? Überlege bitte.

Dir fällt mit Sicherheit dein Sommerurlaub ein, die schöne und unbeschwerte Zeit, die du hattest, ohne Termine und Verpflichtungen. Sobald du an deinen Urlaub am Meer zurückdenkst, lächelst du, ach war das toll. Erinnerungen kommen hoch und verbreiten Sehnsucht in dir.

Ist es nicht schade und traurig, dass es meistens nur die großen Momente im Leben sind, die uns Freude bereiten und für die wir Dankbarkeit empfinden?

## Dankbar sein für die kleinen Dinge

Aber auch Dankbarkeit im Alltag lässt sich erlernen, dieser Zustand der inneren Zufriedenheit und des Ankommens. Wie funktioniert das?

Unser Gehirn wertet nicht, wir tun es selbst. Ob unser morgendlicher Kaffee ganz wunderbar ist, registriert es, wenn wir ihm diese Information liefern. Wir können unser Gehirn trainieren, es so zu empfinden. Wenn wir uns über tägliche Dinge freuen, ihnen Beachtung schenken und dankbar dafür sind, dann lernt unser Gehirn, dass die Dankbarkeit etwas sehr Positives ist.

Schreibe dir jeden Abend vor dem Schlafengehen auf, wofür du am heutigen Tag dankbar bist. Du hattest vielleicht einen erfolgreichen Geschäftstermin oder du wurdest in der U-Bahn angelächelt. Du hast ein Kompliment bekommen, dein Mann hat dich zur Begrüßung geküsst, deine Kinder haben dich umarmt, dein Hund hat sich riesig gefreut, als du nach Hause gekommen bist, du fühlst dich wohl in deiner Wohnung, das Wetter war schön, du hast dir ein neues Kleid gekauft, deine Freundin will sich mit dir treffen, du bist beim Sport gewesen, und so weiter.

Ohne diese täglichen Alltags-Momente wäre dein Leben trostlos, oder? Du würdest alles vermissen, wenn du ab sofort keine Freunde mehr hättest, kein schönes Zuhause, keinerlei Feedback von deinen Liebsten bekommen würdest.

Nachdem du eine Woche lang alles notiert hast, wofür du dankbar bist, wird sich diese Angewohnheit automatisieren. Du wirst wahrscheinlich feststellen, dass am Anfang sehr wenige Punkte auf deinem Zettel stehen, aber Tag für Tag fällt dir mehr ein, weil du dich und dein Leben beobachtest und achtsam bist.

Irgendwann brauchst du dir keine Notizen mehr zu machen. Es wird zur Routine, dankbar zu sein. Bevor ich mich Schlafen lege, denke ich über den vergangenen Tag nach, bin dankbar für die positiven Erlebnisse oder Dinge.

Dankbarkeit zu zelebrieren macht mich glücklich. Es fällt mir jedes Mal bewusst auf, wie viel ich habe, wofür ich täglich dankbar bin. Es sind tatsächlich selten materielle Dinge dabei, sondern eher die Möglichkeit, die ich habe, mir schöne Dinge zu leisten, wenn ich sie mir leisten möchte.

## Leben im Hamsterrad

Ich verdiene täglich mein Geld mit Dingen, die man nicht zum Glücklichsein benötigt. Denn Glück ist nicht käuflich, Liebe ist nicht käuflich. Wer sich beides kauft, ist leider extrem unglücklich.

Wer immer nur haben will, nie mit dem Erreichten zufrieden sein kann, der führt ein Leben im Hamsterrad. Immer am Rennen nach der nächsten Eroberung, dem nächsten Erfolg, dem nächste Level. Um dann festzustellen: Sobald man es hat, ist es bereits langweilig und macht nicht glücklich.

Ich bin schon lange raus aus diesem Hamsterrad. Beruflich noch nicht, aber vom Kopf, von der Einstellung, von meinem Umfeld und von meinem Handeln her.

Vielleicht schreibe ich auch deswegen dieses Buch, um etwas mit meiner Community zu teilen, dass nicht oberflächlich ist, sondern eine Lebenshilfe sein kann. Denn jeden meiner zehn Schritte zum Glücklichsein habe ich mir selbst erarbeitet. Es war viel Leid dabei, deswegen weiß ich genau, dass dieser Weg auch für andere Menschen funktionieren kann, wenn sie wirklich bereit dazu sind, an sich zu arbeiten und zu wachsen.

Die meisten Leute sind gefangen in ihrem Beruf. Wir können natürlich nicht alle zum Aussteiger werden, unser Gemüse selbst anbauen, von Luft und Liebe leben und uns von der Welt mit allen furchtbaren Geschehnissen, Problemen und Krisen abschotten.

Wir müssen alle unser Geld verdienen, unsere Kinder ernähren, unser Haus abbezahlen oder unsere Miete aufbringen. Und die meisten Menschen arbeiten nicht in ihrem Traumberuf. Wenn ich mich so im Bekannten- und Freundeskreis umhöre, dann hat jeder schwierige Kollegen, kennt Mobbing und Ungerechtigkeiten oder wird schlecht bezahlt. Das gehört dazu. Kein Job und kein Leben ist perfekt. Perfekt wäre auch langweilig. Wenn alles super laufen würde, dann würden wir uns gar nicht selbst spüren. Erst wenn du fällst, spürst du den Schmerz. Erst wenn der Schmerz heilt, hast du daraus gelernt.

Es gibt also Dinge und Umstände in unser aller Leben, die wir hinnehmen müssen, weil alles andere ein Davonlaufen wäre. Was sich nicht ändern lässt, sollten wir akzeptieren und unsere Energie auf andere Situationen lenken, die uns Kraft geben und für die wir dankbar sind.

# 7. Großzügigkeit und Karma

Ein Thema, an dem ich täglich arbeite, meine größte Schwäche, ist die Großzügigkeit (im Sinne von anderen etwas gönnen) anderen gegenüber. Das ist eine Schwäche, die ich nicht an mir mag. Da sie mir bewusst ist, ertappe ich mich regelmäßig dabei, nicht großzügig zu sein. Es ist schon viel besser geworden, weil ich mich immer wieder damit auseinandersetze.

## Gönnen können ist schwierig

Gönnen können bedeutet, dass man anderen Menschen ihr Glück, ihren Erfolg oder ihren finanziellen Reichtum gönnt und deswegen weder Neid noch Missgunst empfindet. Es ist die Fähigkeit, sich aufrichtig für andere zu freuen. Es ist eine gute Eigenschaft, die Neid und Missgunst überwindet und zu einer positiven Einstellung gegenüber anderen führt.

Sobald ich mich gedanklich dabei erwische, jemandem etwas nicht zu gönnen, konzentriere ich mich wieder auf den richtigen Weg. Das ist gut, denn nur durch die Praxis wird meine mangelnde Großzügigkeit irgendwann keine Schwäche mehr sein.

Solange ich die Beste war, gönnte ich jedem den 2. Platz. Das hatte viel mit Ehrgeiz und Perfektion zu tun. Ich bin sehr reflektiert und habe an diesen Punkten lange gearbeitet. Mittlerweile bin ich beides nicht mehr, zumindest nicht mehr stark ausgeprägt. Der Perfektionismus hat mich immer wieder an meine Grenzen gebracht, ich habe oft dabei versagt. In allem die Erste und Beste und Erfolgreichste sein zu wollen, hat mir großen Druck bereitet und mich unzufrieden gemacht. Durch das Scheitern habe ich einiges gelernt. So wollte ich nicht mehr sein.

Ehrgeiz ist wichtig, um Ziele zu erreichen und um im Leben voranzukommen. Ehrgeizig bin ich immer noch, aber ohne Druck. Dieses Buch zum Beispiel wollte ich bis zum Herbst fertig schreiben, aber so wie es aussieht, schaffe ich es erst bis zum Frühling 2024. Was soll's, der Weg ist das Ziel, ich bleibe dran.

## Was ist eine positive Geisteshaltung?

Eine positive Geisteshaltung bedeutet nicht, dass wir zu gutmütig werden sollen und uns von anderen ausnutzen lassen. Den Unterschied stellt man sehr schnell fest. Will jemand unseren Rat, weil wir ein Vorbild sind, oder will sie/er sich nur bereichern? Die Art und Weise, wie jemand Hilfe sucht, ist für mich entscheidend. Wer andere nicht unterstützt, kann selbst keine Unterstützung erwarten.

Die Frage ist doch, was uns triggert, dass wir anderen gegenüber nicht großzügig sind, anderen nicht so viel gönnen, wie uns selbst. Darauf habe ich eine Antwort gefunden: Wer sich selbst mit all seinen Stärken und Fehlern liebt und annimmt, der hat kein Problem damit, andere zu supporten, anderen ein Kompliment auszusprechen und deren Erfolge anzuerkennen.

Mich hat es oft geärgert, wenn Frauen mich nachmachen, meinen Stil kopieren, meinen Content übernehmen, oft sogar mit der gleichen Wortwahl (Instagram). Ich denke dann: Warum lässt sich diese Person nicht etwas Eigenes einfallen? Warum macht sie mir alles nach? Sie wird nie Ich sein! Genau an diesem Punkt reagiere ich seit ein paar Monaten anders als sonst. Ich nehme es wahr, kopiert zu werden, ohne zu werten.

Genau genommen wird nur der nachgemacht, der erfolgreich ist, der etwas richtig gut macht. Also sehe ich es heute als Kompliment an, denn auch ich lasse mich von anderen inspirieren. Alles, was ich hier schreibe, ist nicht von mir erfunden und erforscht worden. Ich fasse es nur zusammen und gebe Umsetzungstipps, die mir geholfen haben.

Immer wenn wir uns über jemanden ärgern, ärgern wir uns eigentlich über uns selbst. Uns wird ein Spiegel vorgehalten. Solange wir uns ärgern lassen, haben wir den Lernprozess noch nicht beendet. Und nochmal: Der Weg ist das Ziel.

Heute unterstütze ich Frauen, sehe keine Konkurrenz in ihnen. Ich freue mich darüber, wenn sie dank meiner Hilfe weiterkommen. Ich erkenne es an, wenn andere neben mir glänzen. Ich helfe, wo ich kann und erwarte nichts zurück. Auch das war ein Lernprozess.

Erwartungen können sehr enttäuschend sein. Lieber erwarte ich wenig und freue mich darüber, dass ich großzügig war. Das Karma vergisst keine gute Tat – und übrigens auch keine schlechte.

## Was ist Karma?

Karma bezeichnet ein spirituelles Konzept, nach dem jede Handlung unweigerlich eine Folge hat.

Wer einem anderen hilft, weil er dadurch für sich selbst einen Vorteil sieht, sammelt kein gutes Karma, da die Absichten egoistisch sind. Negatives Karma bringt vor allem negative Folgen mit sich, im Buddhismus durch die Wiedergeburt sogar für das nächste Leben.

Wenn eine Handlung hingegen mit einer bewussten und positiven Absicht ausgeführt wird, ohne Erwartungshaltung, führt sie zu positivem Karma. Das hat positive Auswirkungen auf das aktuelle oder das nächste Leben.

Das Hauptziel im Buddhismus besteht darin, das Leiden in diesem Leben zu reduzieren. Um Leid zu entgehen, soll das Karma neutralisiert werden. Durch das Gesetz von Ursache und Wirkung entscheiden Handlungen und Absichten über die Entstehung von Karma.

Positives Karma entsteht durch gütiges, großzügiges und gerechtes Handeln. Wer achtsam und mit Empathie durchs Leben geht, kann auch verständnisvoller auf seine Umwelt und seine Mitmenschen eingehen.

Negatives Karma entsteht durch egoistische Handlungen, Neid, Missgunst oder Lügen. Jeder Mensch ist für seine Taten selbst verantwortlich. Wenn das Karma zurückschlägt, haben wir anderen Leid angetan, sie verletzt, wir waren boshaft, unehrlich, verletzend oder haben nicht geholfen, obwohl wir hätten helfen können. Wenn wir selbst auf Hilfe oder Unterstützung angewiesen sind, werden wir das negative Karma zu spüren bekommen. Oder wenn unerklärlicherweise alles schief läuft. Was habe ich nur falsch gemacht?, fragt man sich dann. Karma is a bitch, aber immer gerecht.

Mein Glauben an das Karma hilft mir so oft. Auch meine Kinder erziehe ich mit dieser Überzeugung. Sie sollen nicht Hass- oder Rachegefühle anderen gegenüber entwickeln, die sie ärgern oder verletzen.

Das Karma wird es schon richten – das ist ein Satz, den ich oft zu meinen Kindern sage, um Emotionalität herauszunehmen. Um Gesagtem nicht zu viel Bedeutung zu widmen. Um weiterhin ein lebensfroher Mensch bleiben zu können, ohne den imaginären, schweren Rucksack des Lebens zu befüllen und mit sich zu schleppen – um mit Leichtigkeit weiterzuleben.

# 8. Vergebung

Vergebung ist die Überwindung negativer Gefühle und unsere Einstellung gegenüber einer Person, die uns enttäuscht oder verletzt hat. Mit der Vergebung verzichten wir auf Vorwürfe gegenüber der anderen Person, wir verzeihen. Wer vergibt, ist nicht nachtragend.

## Warum ist Vergebung so wichtig?

Vergebung ist die Bereitschaft, den Groll auf diese Person loszulassen. Sie kann zu innerem Frieden und Heilung führen. Das ist ein wichtiger Bestandteil vieler spiritueller und religiöser Praktiken und wird auch in der Psychologie als ein bedeutender Schritt zur Bewältigung von Traumata und Konflikten eingesetzt.

Ich habe meinen Eltern verziehen, um nochmal auf die Einleitung meines Buches zurückzukommen. Wir können auch vergeben, ohne mit den Personen in Kontakt zu treten, die uns verletzt haben. Vielleicht haben wir nicht die Möglichkeit dazu, weil die Person verstorben ist, oder wir den Kontakt ablehnen. Wir können immer und überall verzeihen. Wir tun es für uns, dafür ist es nie zu spät.

Solange wir nicht vergeben können, wird vollkommenes Loslassen nicht möglich sein. Wer glücklich und unbeschwert leben möchte, sollte den seelischen Ballast, der sich durch Enttäuschungen in unseren Gedanken und im Unterbewusstsein festgesetzt hat, loswerden.

## Zu hohe Erwartungen

Warum werden wir von Menschen immer wieder enttäuscht? Weil wir zu hohe Erwartungen an sie haben. Erwartungen, die wir erfüllen würden. Aber wir können nicht immer von uns selbst ausgehen. Übrigens haben wir an uns selbst oft die höchsten Erwartungen.

Ich vergleiche das gerne mit der Mutter-Kind Beziehung. Wie oft setzt mein Kind meine Erwartungen nicht um. Ich liebe es trotzdem. Das Verständnis meinem Kind gegenüber ist immer da. Es enttäuscht mich nicht, um mich zu verletzen. Unseren Kindern vergeben wir alles, weil wir keine hohen Erwartungen an sie haben. Wir geben die Hoffnung als Eltern nie auf, dass sich unsere Erziehung und unser guter Rat irgendwann einmal bezahlbar machen. Jeder Schritt unseres Kindes in die richtige Richtung ist eine Erleichterung und Freude. Ist es nicht so?

Bei den Eltern meiner Generation war das oft anders. Sie hatten sehr hohe Erwartungen an uns Kinder und unsere Zukunft. Sie haben indirekten oder sogar direkten Druck auf uns ausgeübt. Um es ihnen Recht zu machen, haben wir vielleicht nicht das studiert, was wir uns gewünscht haben. Hätten wir überhaupt studiert?

Wir haben die Erwartungen gespürt und wollten sie nicht enttäuschen, also haben wir das getan, was von uns erwartet wurde. Hat uns das glücklich gemacht? In den meisten Fällen möchte ich es bezweifeln.

Wenn es mit unseren Kindern funktioniert, nicht zu hohe Erwartungen zu haben, dann funktioniert es auch mit allen anderen Menschen und Umständen.

Wer nicht zu viel erwartet, wird meistens positiv überrascht.

# 9. Meditation

Ich sitze gerade in meinem Hotelzimmer in einem Wellness Medical Retreat in Italien, hier schreibe ich die letzten beiden Kapitel dieses Buches zu Ende. Das Fenster ist geöffnet, ich schaue auf wundervolle Natur, grüner Wald umgeben von sanften Hügeln, und die Sonne scheint. Diese Szenerie ist eine perfekte Vorlage für meinen Punkt 9. Meditation.

## Wie hängen Meditation und Glück zusammen?

Meditation ist der Überbegriff für verschiedene Methoden der Geistesschulung, es handelt sich um ein Entspannungsverfahren mit nachgewiesener Wirksamkeit.

Meditation beruhigt den Geist und den Körper. Sie ist ein sehr gutes Achtsamkeitstraining, weil sie dazu beiträgt, im Hier und Jetzt zu Leben. Sie hilft dabei, bestimmte Hirnregionen abzuschalten. Wenn wir regelmäßig meditieren, erhöhen wir unser Wohlbefinden und bauen Stress ab.

Meditation erfordert viel Übung und Konzentration. Neben der klassischen Sitzmeditation ohne Bewegung gibt es auch Methoden, die körperlich aktiver sind. Taichi, Quigong und verschiedene Yoga Körper- und Atemübungen können zum Beispiel auch meditativ sein. Spazierengehen oder Musik hören haben ebenfalls eine meditative Wirkung, aber im Vergleich zu einer echten Meditation ist die Wirkung nur von kurzer Dauer und unbewusst. Eine Meditation ist ein bewusster Zustand in Achtsamkeit.

Um für dich die geeignete Form zu finden, ist es am besten, du probierst verschiedene Methoden aus. Nicht jeder fühlt sich wohl im Sitzen. Ich selbst brauche die Abwechslung beim Meditieren. Das hat auch viel mit der Tagesverfassung zu tun. Es ist absolut normal, dass es am Anfang nicht einfach ist, nichts zu denken.

Ich meditiere fast täglich. Sogar im Flugzeug, da es meinen Blutdruck bei Aufregung sofort senkt. Ich bin präsent, im Hier und Jetzt, achtsam.

Darum geht es vor allem. Du befindest dich körperlich und geistig in der Gegenwart. Wenn ich diesen Zustand erreicht habe, könnte ich jedes Mal vor Glück weinen. Einfach hier sein, ohne an etwas zu denken. Das zu erreichen, ist jedoch mit viel Praxis verbunden. Mal klappt es super, manchmal eben gar nicht.

## Der Weg ist das Ziel

Heute hatte ich eine einstündige Meditation mit einem Facharzt für Ajurveda, Yoga-Lehrer und Meditationslehrer in meinem Medical Retreat. Er ist Buddhist wie ich, das habe ich allerdings erst nach der Meditation erfahren. Eine Stunde lang an nichts zu denken ist fast unmöglich und selbst mit viel Meditationserfahrung wirklich herausfordernd. Nach dieser sehr besonderen Erfahrung mit gesprochenen Affirmationen und gemeinsamem Chanten führten wir ein Feedbackgespräch.

Beim Chanten – dem Singen von Mantren – werden die Impressionen des Unterbewusstseins in einem großen Ausmaß beseitigt. Deswegen können Töne, wie zum Beispiel von Klangschalen, Meditationsmusik, das Aufsagen von Affirmationen oder das Singen von sich wiederholenden Mantren, sehr hilfreich dabei sein, loszulassen und an nichts zu denken.

Im Feedbackgespräch mit Dr. Gupta, meinem Meditationscoach, haben wir über die Wirkung der Meditation auf unsere Gesundheit gesprochen. Ich habe ihm gesagt, dass ich mich einige Male dabei ertappt habe, über Themen nachzudenken, die in der Vergangenheit oder Zukunft liegen.

Mein Lehrer lächelte sanft und meinte, dass nur Menschen, die wissen wie es sich anfühlt loszulassen, es auch spüren, wenn es nicht funktioniert. Die Tatsache, dass ich es bemerkt habe, ist großartig. Denn nur so konnte ich zurückkehren und weitermachen.

Der Weg ist das Ziel, auch in der Meditation.

# 10. Mentoren

Der letzte Schritt soll dir helfen, deinen neuen Weg zu begleiten: Du solltest dir einen Mentor oder eine Mentorin suchen.

Das ist ein Fürsprecher, ein Förderer und ein Berater, eine erfahrene Person, die uns Orientierung und Unterstützung geben kann, um Klarheit über Prioritäten zu gewinnen und um sich auszutauschen.

Durch den Austausch von Wissen und Erfahrungen, lernst du aus den Fehlern und Erfolgen anderer und machst schneller Fortschritte. Mentoren:innen können uns konstruktives Feedback geben, um neue Lösungsansätze zu finden. Es ist wichtig, einen Mentor oder eine Mentorin zu finden, der/die zu dir passt.

## Wie finde ich einen Mentor/eine Mentorin?

- Identifiziere deine Ziele und Bedürfnisse, bevor du auf die Suche gehst.
- Überlege, welche Qualitäten und Erfahrungen dein Mentor oder deine Mentorin mitbringen sollte.
- Erkundige dich in deinem persönlichen oder beruflichen Umfeld nach geeigneten Personen.
- Spreche gezielt Menschen an, die deiner Meinung nach das Potenzial dazu haben, dein:e Mentor:in zu werden.

- Bitte um Unterstützung. Sei konkret und klar in Bezug auf deine Bedürfnisse und zeige deinem potenziellen Mentor oder deiner potenziellen Mentorin auf, wie auch er/sie von einer Zusammenarbeit mit dir profitieren könnte.

- Sei geduldig und offen. Die Suche kann einige Zeit in Anspruch nehmen. Nicht jede Person, die du ansprechen wirst, ist bereit oder in der Lage, diese Aufgabe zu erfüllen.

- Mentoring ist eine gegenseitige Beziehung. Gib der anderen Person auch etwas zurück, sei es durch dein Engagement oder deine Unterstützung.

Bevor ich gezielt nach einem Mentor/einer Mentorin zum Thema Buddhismus gesucht habe, habe ich Onlinekurse gebucht, um ein Basiswissen zu erlernen. Anschließend habe ich mit Podcasts und Videos bei You Tube weitergemacht. Dort bin ich fündig geworden.

Ein großer Mentor meiner Jugend war Dr. Joseph Murphy, ein irischer Autor im Bereich der Neugeist-Bewegung. Sein Hauptwerk Die Macht Ihres Unterbewusstseins von 1962 hat mich in vielerlei Hinsicht positiv beeinflusst. Beim Lesen wurde ich zum ersten Mal damit konfrontiert, dass ich alles schaffen kann, wenn ich das wirklich möchte und daran glaube. Das hat mein Leben sehr bereichert und verändert.

Weitere Mentoren kamen hinzu, darunter der Dalai Lama und heute drei verschiedene buddhistische Mönche, denen ich regelmäßig zuhöre und deren Weisheiten ich für meinen weiteren Weg nutze, denn – genau – der Weg ist das Ziel.

# Schlusswort: Kein Leben ist Perfekt

In meiner Influencer-Welt geht es meistens oberflächlich und materialistisch zu. Alles dreht sich um Äußerlichkeiten, Markenprodukte und das Streben nach Perfektion, weniger um authentische Inhalte oder echte Verbindungen zu anderen Menschen.

So geht es auch meistens auf den Events zu, auf die ich neben vielen anderen Influencern eingeladen werde. Das perfekteste Bild, die schönste Story stehen im Fokus, die Community bekommt Details vom Event gezeigt.

Social Media kann negative Auswirkungen auf das Konsumverhalten und die Selbstwahrnehmung von Followern haben, wenn man es nicht schafft, seine echte Persönlichkeit, ganz ohne Filter und Glamour, auf dem Account zu zeigen. Wenn Blogger nur Trends anstelle tiefergehender Themen posten, bekommt die Community nur ein scheinbar perfektes und sorgenfreies Leben gezeigt, ein verzerrtes Bild, eine Momentaufnahme, nicht das echte Leben.

Wir werden ständig durch die Nutzung unseres Handys verführt. Da braucht man gar kein Influencer sein. Die Beeinflussung durch Social Media ist ein weit verbreitetes Phänomen. Es ist wichtig, sich dieser Gefahr bewusst zu sein und kritisch zu hinterfragen, welche Inhalte man konsumiert und wie sie das eigene Denken und Handeln beeinflussen. So solltest du zum Beispiel unrealistische Schönheitsideale erkennen und ihnen nicht hinterherlaufen.

Aber auch positive Beeinflussung ist möglich. Social Media kann dazu führen, dass Menschen sich inspiriert fühlen neue Dinge auszuprobieren, es kann sie für ein gesünderes Leben, ein positves Mindset oder für soziale Themen begeistern. Auf Social Media kannst du dich mit Gleichgesinnten vernetzen.

Ich mache diesen Job bereits seit 10 Jahren. Damit mein Content nicht zu werbelastig ist, gebe ich regelmäßig Tipps zum Thema Mindset, positives Denken, Selbstwert und Buddhismus. Ich schaffe damit eine Abgrenzung zu meinem Beruf und zeige meiner Community auf Instagram, was mich privat bewegt und interessiert (Instagram: Jeannettefashion). Mein Coaching umfasst nicht nur Selbstentwicklungsthemen, ich greife auch immer wieder Beauty- und Fashionthemen auf, zeige in Tutorials, wie ein Look entsteht. Damit habe ich einen Mehrwert auf meinem Kanal geschaffen, der nichts mit Konsum zu tun hat.

So eine Abgrenzung kann ich auch euch empfehlen. Wir sind so, wie unser Umfeld ist. Es ist wichtig, sich bewusst zu sein, wie unser Umfeld auf uns wirkt, und gegebenenfalls Maßnahmen zu ergreifen, um negative Einflüsse zu minimieren und positive Einflüsse zu verstärken.

Dies kann bedeuten, sich von toxischen Beziehungen zu lösen, sich mit positven und unterstützenden Menschen zu umgeben und bewusste Entscheidungen zu treffen, die unser

Wohlbefinden fördern. Unser Umfeld kann einen großen Einfluss auf unsere Lebensqualität und unser persönliches Wachstum haben.

Nicht alles auf Social Media ist negativ, nicht jeder Influencer ist oberflächlich, es gibt überall schwarze Schafe. Erkenne, was und wer dir gut tut und trenne dich von allem, was dich traurig macht und dich unterbewusst unter Druck setzt.

## Halte dich von Energiefressern fern

Ich habe noch einen sehr wichtigen Rat für dich: Halte dich von Energiefressern fern! Das sind Menschen, die sich gar nicht wirklich für dich interessieren, sondern nur ihren ganzen Seelenmüll bei dir abladen, weil du es zulässt, damit beladen zu werden.

Hab kein Mitleid, denn diese Menschen sind Egoisten, sonst würden sie merken, dass es nur um sie selbst geht. Sobald du mehr strahlst, selbstbewusster und glücklicher wirst, werden auch diese Energiefresser um dich herum mehr werden. Du wirst es schnell merken, denn wo viel Licht ist, da ist auch viel Schatten.

Schütze dich, Schütze dein Umfeld. Du bist nicht alleine, du hast vor allem dich an deiner Seite. Eine Handvoll aufrichtiger und gleichgesinnter Menschen ist mehr als genug.

Habe kein schlechtes Gewissen, die Energiefresser haben es auch nicht.

# Geh deinen Weg

Sobald du anfängst, die Punkte in meinem Buch umzusetzen, wirst du feststellen, dass du viel bewusster wahrnimmst, was im Außen passiert.

Sind die Menschen positiv? War das gerade ein gutes Gespräch mit deinem Gegenüber? Wie nimmst du die Leute in deinem Umfeld wahr?

Dir werden viele negative Aspekte auffallen, weil du jetzt bewusst zuhörst, statt nur zu reagieren. Du spürst, wie sich deine Laune verändert, weil du gerade die Nachrichten angesehen hast. Dir wird die Auswirkung von schlechten News oder von Menschen bewusst, die ihre miese Laune und ihre Unzufriedenheit an anderen auslassen.

Diese Wahrnehmung, was im Außen passiert, wird für dich mit der Zeit viel intensiver werden. Es ist wichtig, dass wir erkennen, wie wir nicht sein wollen.

Menschen und Situationen, die unsere Energie rauben, sollten wir meiden. Wenn wir sie nicht meiden können, weil es im beruflichen Umfeld beispielsweise nicht möglich ist, sich aus dem Weg zu gehen, wende hier die erlernte Technik aus diesem Buch an.

Immer wenn du spürst, dass dich gerade eine Situation aus deiner inneren Balance zu werfen droht, beginnst du mit dem Punkt aus meiner Liste, der dir am besten hilft, ruhig und bei dir zu bleiben, durchzuatmen und nicht auf Provokationen zu reagieren.

In diesem Sinne hoffe ich, dass meine Zusammenfassung von diesen 10 Schritten dir helfen wird, dein persönliches Glück in dir zu finden und es zu bewahren.

Mein Leben ist nicht perfekt. Die täglichen Herausforderungen machen auch vor einem glücklichen Menschen nicht halt. Der Unterschied ist jedoch, wie ich damit umgehe.

Ich besinne mich auf das, was wirklich im Leben zählt, und bin dankbar dafür. Probleme bekommen keine unendliche Aufmerksamkeit mehr, sondern nur die notwendige Zeit, um ein Thema, eine Herausforderung zu lösen. Die Techniken in diesem Buch kann ich jedem nur ans Herz legen, weil sie funktionieren.

Und da wir Menschen von Geburt an eher negativ als positiv gepolt sind, ist Übung und regelmäßige Wiederholung von neuen Denkweisen wichtig, wenn du wirklich etwas in deinem Leben positiv verändern möchtest. Das ist die Grundvoraussetzung. Dieses Buch ist nur eine Anleitung. Den Weg musst du selbst gehen.

Namaste, eure Jeannette

»Das Leben ist kurz.

Heute beginnt der Rest deines Lebens,

mache jeden Tag etwas Schönes daraus.«

# Jeannette Graf

Ich wurde 1975 geboren und wohne mit meinen zwei Kindern, meinem Mann und unserem Hund in München.

Seit 20 Jahren beschäftige ich mich mit Hirnforschung, positivem Denken, Selbstliebe, Achtsamkeit, Meditation, Mindset, Autogenem Training, Yoga, Buddhismus, Psychotherapie, Familienaufstellung, Selbstfindungsseminaren und Motivationstrainings. Ich war viele Jahre als Motivationscoach tätig.

Seit 10 Jahren bin ich als Influencerin (@jeannettefashion auf Instagram) und im Internet mit einem eigenen Blog (www.jeannys-blog.de) tätig. Täglich bin ich online und berichte auf meinen Social Media Kanälen über Mode, Beauty, Events, Lifestyle und Reisen.

Damit meine sehr frauenlastige Community einen Mehrwert hat, jeden Tag bei mir vorbeizuschauen, spreche ich auch über Mindset-Themen. Das Feedback meiner Follower ist diesbezüglich immer sehr positiv. Deswegen wollte ich das, was ich sonst nur in kurzen Sequenzen in meinen Instagram-Storys erzähle, schriftlich festhalten.

# Widmung

Dieses Motivationsbuch möchte ich meinem Mann Stephan und meinen Kindern David und Sienna widmen, die mir täglich zeigen, dass die Familie ein Ort des Glücks ist.

# Quellenverzeichnis

- Traumata: Dr. Julia Belke (Psychologin, Traumatherapie, Systemaufstellung), www.juliabelke.at

- Meditation: Studie im Fachmagazin Psychiatry Research (2011) und Studie im Journal of Cognitive Enhancement (2016).

- Dankbarkeit: Studie The neutral Bases of Gratitude (2009).

- Achtsamkeit: Studie im Journal of the American Medical Association (2014).

- Visualisieren: Studie im Journal of Experimental Psychology (1989), Studie im Journal of Behavioral Medicine und Studie in der Zeitschrift Personality and Social Psychology Bulletin (1999).